세상에서 가장 재미있는
세계사
3

THE CARTOON HISTORY OF THE UNIVERSE III

Copyright © 2002 by Larry Gonick
Published by arrangememt with W. W. Norton & Company
All rights reserved.

Korean translation copyright © 2002 by Kungree Press
Korean translation rights arranged with W. W. Norton & Company
through EYA(Eric Yang Agency).
All rights reserved.

이 책의 한국어판 저작권은 EYA를 통하여
W. W. Norton & Company와 독점 계약한 '궁리출판'이 소유합니다.
저작권법에 의해 한국 내에서 보호를 받는 저작물이므로 무단전재와 복제를 금합니다.

세상에서 가장 재미있는 세계사

래리 고닉 글·그림 | 이희재 옮김

③

이슬람에서 르네상스까지
THE CARTOON HISTORY OF THE UNIVERSE III

궁리
KungRee

CONTENTS

1. 아랍에 내린 신의 계시, 이슬람   8

성스러운 도시, 메카 16 | 은신의 도시, 메디나 24 | 우마이야의 종교와 세금 42
평화의 도시, 바그다드 44 | 무너지는 아랍 제국 52

2. 아프리카, 다양성의 보고   58

사막이 넓어지다 60 | 방랑하는 반투족 66 | 누비아와 에티오피아 72
그리스도교 왕들 76 | 이슬람 상륙하다 78 | 물을 만난 수단 83
떠오르는 가나 84 | 잔지 반란 90 | 칼리프, 칼리프, 칼리프 92
이슬람 남하하다 97 | 알모라비데 대제국 100

3. 대륙을 누비는 사람들   108

초민족 세계인, 말 달리다 116 | 다문화제국, 당 120
천황 혈통 차지하기 132 | 당송변혁 136 | 튀르키예와 서양 138
인도 300~1000년 144 | 만지케르트 전투 151

4. 천년 왕국 비잔틴 158

프랑크·고트·라틴·유대·아랍·베르베르 총정리! 164 | 우상을 버려라! 172 |
중세의 두 얼굴, 샤를마뉴 대제 176 | 볼가 강의 탐험대 186 | 노예무역 190 |
코르도바의 영광 192 | 노르만, 분쟁의 씨앗 196 |
잉글랜드는 나중에 굴러들어온 돌이다! 198

5. 십자군의 이름으로! 208

1차 십자군 210 | 후방의 풍경 218 | 2차 십자군 226 | 떠오르는 베네치아 228 |
3차 십자군 232 | 4차 십자군 234 | 왕 중 왕, 칭기즈 칸 238 |
훌라구, 바드다드 입성 246 | 쿠빌라이, 중국을 정복하다 248 |
팍스 몽골리카 252 | 말리, 가진 것은 황금뿐 254

6. 암흑 속에 핀 꽃의 도시 258

쫓겨나는 몽골, 세계를 누빈 정화함대 262 | 튀르키예의 유럽정복 268 |
빛바랜 기사도 274 | 꽃의 힘, 피렌체 284 | 콘스탄티노플에서 이스탄불로 290 |
르네상스인 이야기 292 | 바다 저 너머를 향하여 295

참고문헌　　　308
옮긴이의 말　　312

1권 | 빅뱅에서 알렉산드로스 대왕까지

1. 우주 삼라만상이 열리던 날 | 2. 인간, 막대기와 짱돌을 사용하다 |
3. 깊은 강, 문명을 낳다 | 4. 구약 시대, 서양 정신의 뿌리 |
5. 그리스, 신화와 전설이 들려주는 역사 | 6. 지중해와 오리엔트의 한판 승부 |
7. 아테네 민주주의의 모든 것

2권 | 중국의 여명에서 로마의 황혼까지

1. 인도, 모두 모두 신성하다 | 2. 수신제가치국평천하의 나라 |
3. 동아시아 대륙 막강패자의 탄생 | 4. 영원한 제국 로마 이야기 |
5. 기원전, 그리스도, 기원후 | 6. 동서 대제국들의 균열

4권 | 콜럼버스에서 미국혁명까지

1. 세계 전쟁, 문명을 파괴하다 | 2. 돌고 도는 세상 | 3. 선행? |
4. 헤쳐모여! | 5. "이치가 그렇잖아!"

5권 | 바스티유에서 바그다드까지

1. 총, 황금, 선의 | 2. 자유무역 | 3. 근대란 무엇인고
4. 밝은 빛 | 5. 계몽의 끝?

1
아랍에 내린 신의 계시, 이슬람

이야기는 그리스도교도와 유대교도의 입씨름으로 시작된다.

고대 로마의 국교로 자리 잡은
그리스도교는 교세를 유럽과
지중해 전역으로 넓혔다.
마침내 395년, 모든 이교도 신전을
폐쇄하기에 이른다.

이렇듯 이단 종교를 금지한 로마는
유대교는 어떻게 처리했을까?
서기 2세기 고향에서 쫓겨난 이후
로마 제국과 인근 지역으로
퍼져나간 유대인을 로마 교회는
어떻게 보았을까?

(로마를 약탈한 게르만 부족들도
그리스도교로 개종했다!)

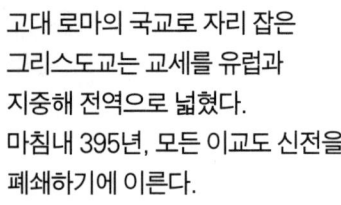

운명 공동체가
아닌가 하오!

이상한 신을 믿는다고 유대인을 욕하는 그리스도교도는 없었다.
그들은 똑같은 신을 믿고 있었기 때문이다. 유대교 경전은
그리스도교도에게도 거룩한 책이었다. 하지만 유대교도와
그리스도교도는 엄연히 다른 종교를 믿은 것도 사실이었다!

교회는 유대교도를 개종시켜야 한다는 입장을 취했지만
유대교를 금지하지는 않았다. 유대교도의 개종을 '권장'하기 위해
로마법은 신앙, 재산, 거주지 이전, 발언권 등
여러모로 유대인에게 불이익을 주었다.

그리스도교의 중심은 동양과 서양 사이에서 양다리를 걸치고 있던 콘스탄티노플이었다.
이곳은 로마가 무너진 이후에도 '로마' 제국의 수도로 남았다. 콘스탄티노플 동쪽의 아르메니아는
이미 그리스도교를 받아들였고, 남쪽의 에티오피아도 그리스도교로 개종했다.
아라비아로, 페르시아로, 인도로, 교회는 우후죽순처럼 퍼져나갔다.

페르시아의 통치자는 마즈다 신을 믿었다. 그것은 아득히 먼 옛날 조로아스터가 창시한 종교였다.
페르시아인은 그리스도교도를 로마의 첩자라면서 불신했지만 유대교도와는 아무 문제가 없었다.

동부 페르시아와 아프가니스탄에서는 불교도 흥성했다.

'로마'는 박해하고 페르시아는 관용을 베푸니 유대인은 차츰 페르시아에 붙었다.

이제 아라비아 반도 남단에 자리 잡은 예멘으로 가보자.
홍해의 관문이었던 예멘은 인도와 서양을 연결하는 해상 교역로의 전략 요충지였다.
'로마'와 페르시아 모두 예멘의 환심을 사려고 노력했다.
그리스도교도와 유대교도는 각각 '로마'와 페르시아의 이해를 대변하면서 옥신각신했다.

☸ 주의: 이 책에서 따옴표 안에 나오는 로마,
즉 '로마'는 콘스탄티노플을 수도로 하는
동로마 제국, 곧 비잔틴 제국을 가리킨다.

570년은 메카에서 코끼리의 해로 두고두고 기억된다.

창 창 창 창 창 창 창 창 창

얼굴에 흉터가 난 에티오피아 장군 아브라하는 맞수와 결투 끝에 지휘권을 잡았다. 얼굴에 먼저 일격을 당했지만 하인이 잽싸게 나서서 상대를 해치운 덕분에 간신히 목숨을 건질 수 있었다.

어디 갔었냐?!

감격한 아브라하는 하인에게 소원을 말해보라고 했다. 음흉한 하인은 '초혼권'을 요구했다. 신랑보다 먼저 신부와 동침할 수 있는 권리였다. 아브라하는 마지못해 응했다.

생명의 은인이 아니라 원수였다니!

그러나 하인은 결국 분개한 신랑한테 맞아 죽었다. 신랑은 왕 앞에 가서 사죄했지만 왕은 오히려 미안해서 어쩔 줄 몰랐다.

모든 게 내 불찰이니 이해해주길 바라네.

그리스도교 원정군은 싸움 한 번 못 해보고 퇴각했다. 메카의 신이 승리를 거둔 것처럼 보였다. 사람들은 메카로 돌아갔다. 그리고 그 해에 장차 이슬람의 예언자가 되는 무함마드가 태어났다.

돌아간다니까, 팔팔해지네!!

성스러운 도시, 메카

웬만한 소도시 하나도 들어서기 힘들 만큼 물이 귀한 암반 지대에 자리한 메카는 예멘과 시리아를 잇는 교역로의 중간 지점에 있었다. 오지였음에도 수많은 물자가 메카를 거쳐갔다. 향료, 노예, 건포도는 남에서 북으로, 가정용품, 옷감, 성서는 북에서 남으로 흘러갔다.

메카는 중부 아라비아 전역에 물자를 공급했다. 해마다 박람회가 열리면 사방에서 사람들이 모여들어 정보를 나누고 물건을 사고팔았다.

방문객들이 영혼의 갈증을 해소할 수 있도록 메카는 '카바'라는 신전을 지어 다양한 신을 모셨다. 메카는 신성한 도시였다.

메카는 한 세기 동안 쿠라이시라는 단일 부족이 다스리고 있었다. 그들은 당연히 물과 카바도 관리했다. 6세기 중반 쿠라이시 부족은 수만 명에 달했지만 얼마 뒤 10여 개의 씨족으로 갈라졌다.

쿠라이시 족은 메카를 구멍가게처럼 꾸려나갔다. 시장도 시 의회도 법도 없었다. 나이 든 어른들이 가정불화를 해소하듯 중지를 모아 문제를 해결했다.

해마다 한 번 쿠라이시 상인들은 낙타들로 대상을 꾸려 멀리 시리아까지 장사를 하러 갔다.

장사라는 것이 그렇듯 흥하는 사람이 있으면 망하는 사람도 있었다. 같은 쿠라이시 부족 안에서도 빈부 격차가 커졌다.

이것이 570년경 모래 바람이 부는 사막 한복판에 자리한 메카의 현실이었다. 수천 명이 이곳에 터를 잡고 살았고 그중에는 물론 노예도 있었다. 빈부 격차가 심했지만 차츰 불거지는 사회 갈등을 조정할 수 있는 행정 체계는 아직 멀기만 했다.

코끼리 해를 전후하여 쿠라이시 족의 부호 집안에서 아부 수피안이 태어났다.
그는 젊어서부터 대상을 따라 시리아까지 드나들어 견문이 넓었다.

사람 좋고 장사 수완도 뛰어났으므로 사업은 날로 번창했다.

띄워주는 김에 좀 팍팍 띄워주시오…

물건은 안 사도 좋으니까…

집안은 좋지만 성격이 모난 힌드라는 여자와 결혼하여 자식을 여럿 두었다.

그런데 수피안이 마흔으로 접어든 613년 집안에 분란이 찾아들었다.

애야, 너 어디 가니?

알 거 없어. 이… 이…

종교 집회에 나가던 딸 움 하비바가 같은 신도와 결혼을 하겠다고 폭탄선언을 한 것이다.

우상 숭배자 같으니!!

쾅

그 종교 모임의 지도자는 수피안의 육촌 형제였던 무함마드였다. 무함마드는 메카의 가난한 쿠라이시 족이었던 압둘라의 아들이었는데, 여기에는 좀 복잡한 사연이 있었다.

어려서 부모를 여읜 무함마드는 자식이 많은 삼촌 집에서 컸다. 무함마드가 훗날 정성껏 고아를 보살피는 데엔 이런 배경이 있었다.

무함마드 사촌 형 어디 갔어?

이 책에서는 얼굴 나오면 안 된대!

부모 없는 가난한 청년에게 딸을 시집보내려는 사람은 없었다.

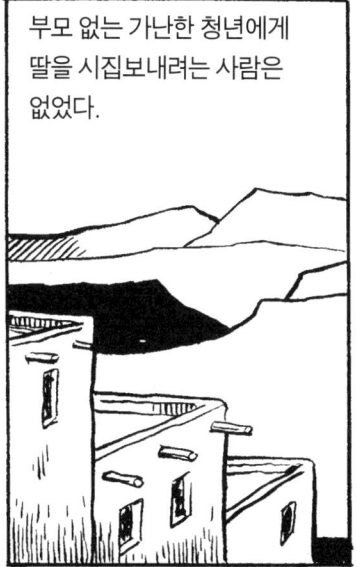

무함마드 청년은 하디자라는 젊은 과부의 부동산 관리인으로 일하면서 재산을 늘려주었다. 두 사람은 사랑에 빠져 결혼했다. 자식도 많이 낳았지만 다 죽고 두 딸만 살아남았다.

하디자에게는 그리스도교를 믿는 사촌이 있었다. 사촌은 성서도 아랍어로 번역했으니 평소 집안에서 종교 이야기도 자연스럽게 오갔을 것이다.

서기 610년의 어느 날, 무함마드는 사막에서 명상을 하다가 어떤 목소리를 들었다. 그 목소리는 가브리엘을 자처하면서 하느님 말씀을 직접 전하러 왔다고 밝혔다!

뭐라구요?

처음에 무함마드는 자기가 실성한 줄 알았지만 하디자가 그 목소리는 진짜라고 단언했다. 얼마 뒤 또 다른 계시가 내려왔다. 하지만 3년 동안 이 사실은 가족만 아는 비밀이었다. 그러다가 613년 무함마드는 하늘의 뜻을 널리 알리라는 명을 받았다.

집안 어른들을 모시고 음식을 대접하면서 실은 자기가 예언자라 밝혔다. 반응은 시큰둥했다.

그러나 무함마드가 하늘의 계시를 사람들 앞에서 읊조리자 (계시는 늘 시어로 표현되었다) 청년들은 솔깃했다. 1년도 되지 않아 추종자가 150명으로 늘어났다.

모세가 메카에서 설파한 계시는 다음과 같다. 신은 오직 한 분이니, 바로 성서에 나오는 아브라함, 모세, 예수의 신이다. 신은 자비롭고 너그럽다. 무함마드는 성서에 나오는 예언자의 한 사람이다. 신자, 곧 무슬림(신에게 복종하는 사람이란 뜻)은 천국으로 갈 것이요, 불신자는 지옥으로 떨어질 것이다. 무슬림은 하루에 다섯 번 엎드려 예루살렘을 향해 기도해야 한다. 무슬림은 겸손하고 술을 먹지 않고 검소하고 과부와 고아를 보살필 줄 알아야 한다. 무슬림끼리는 형제자매처럼 지내야 한다.

그중에는 지배 세력의 심기를 불편하게 만드는 내용이 있었다!

좀 더 시야를 밖으로 돌리면, 이 무렵 '로마'와 페르시아 사이에는 일촉즉발의 전운이 감돌았죠. 602년 페르시아는 예멘을 침공했고. 전선은 점점 콘스탄티노플로 접근했어요.

'로마' 황제는 제국 안에 거주하는 유대인이 페르시아 편이라고 의심해 모든 유대인에게 그리스도교로 개종하라는 명령을 내렸죠. 608년 '로마' 지배하에 있던 시리아의 안티오크라는 도시에서는 유대인 수천 명이 학살당했고요.

610년 무함마드가 처음으로 계시를 받았을 무렵의 시대적 배경이었습니다.

페르시아가 공세를 펴 예루살렘을 압박해오자, 무함마드는 공개적으로 활동을 시작합니다. 예루살렘을 향해 기도하던 무슬림은 페르시아에 맞서 '로마'의 편을 들었죠.

614년, 600년 동안 '로마'의 지배를 받은 예루살렘은 페르시아 손에 넘어갔어요. 유대인은 예루살렘으로 속속 돌아갔죠. 그러나 페르시아 군대가 잠시 철수한 틈을 타 그리스도교가 봉기하여 유대인을 학살했고, 얼마 뒤 예루살렘을 탈환한 페르시아는 또 그리스도교도를 학살했어요.

전쟁은 메카의 경제에 먹구름을 드리웠죠. 그러나 메카의 유지들은 최후의 승리자가 가시화될 때까지 숨죽이고 관망했어요.

우린 광신도가 아니라 장사꾼이거든!

그러나 무함마드는 태도를 분명히 밝혔죠. 614년 그는 아부 수피안의 딸 움 하비바를 포함한 75명의 추종자를 페르시아와 맞서 싸우던 그리스도교 국가 에티오피아로 보냈어요.

움 하비바는 나중에 무사히 돌아옵니다. 아무튼 무슬림은 전통적으로 메카와 앙숙이던 에티오피아와 사이좋게 지내죠.

코끼리를 아시나요!

이때부터 아부 수피안 같은 메카의 토호 세력은 무슬림을 더는 방치할 수 없다고 판단했답니다!

외교까지 지들 멋대로 하겠다 이거지!!

이렇게 이슬람교도와 그리스도교도 사이에 화기애애한 분위기가 조성된 가운데 쿠라이시 부족은 무슬림 상인과 거래를 끊겠다고 선언한다.

긴장은 갈수록 증폭되었다. 무슬림 노예는 주인한테 시달렸고, 무슬림 자녀는 부모한테 얻어맞았다. 무슬림은 집과 재산을 잃었다.

618년, 무함마드의 부인 하디자가 죽었다.

무함마드는 메카를 무슬림으로 뒤덮어야 한다고 주장했다. 쿠라이시 부족은 무함마드에게 자제를 요청했지만, 양측은 한 발도 물러서지 않았다.

622년, 양측의 감정은 악화일로로 치달아 결국 무함마드의 문중을 제외한 모든 문중의 원로들은 예언자를 자처하는 사촌을 암살하기로 합의했다.

무함마드를 따르는 무슬림은 혹은 걸어서 혹은 낙타를 타고 소리 소문 없이 사막으로 피신하기 시작했다.

어느 날 밤 자객 열한 명이 거사를 단행하러 무함마드의 집으로 향했다. 쪽수가 많다 보니 행동이 좀 더뎠다.

은신의 도시, 메디나

메카를 뜨기 전에 무함마드는 또 한 번의 계시를 받았다. 탄압하는 사람들과는 맞서 싸워도 좋다는 하늘의 허락이었다. (그 전까지 무조건 참으라고 했다.) 메카에서 북동쪽으로 240킬로미터쯤 떨어진 사막의 오아시스 메디나에 도착한 무함마드는 마음 같아서는 당장이라도 메카에 선전포고를 하고 싶었지만, 우선은 정착하여 내실을 다질 필요가 있었다.

와~ 천국이 따로 없지?

설거지나 좀 해줘요!

메디나에는 두 아랍 부족이 살고 있었다. 그들은 얼마 전까지도 앙숙이었다.

그러나 대부분 이슬람교로 개종하면서 반목은 사라졌다.

무슬림은 모두 한 형제다.

무함마드의 말씀.

메디나에는 아랍인 말고 유대인도 세 부족이나 살고 있었다. 두 부족은 농사를 지었고 한 부족은 무기와 보석을 만들었다.

거참!

왜 그래요?

이게 무기인지 보석인지 헷갈려서!

624년 봄, 이슬람교도는 무함마드의 푸른 깃발 아래 쿠라이시 부족을 공격하러 갔다.

아부 수피안의 인솔 아래 막 메카를 출발한 낙타 대상을 약탈할 작정이었다.

이 소식이 새어나가 아부 수피안의 귀에까지 들어갔다.

우물가에서 아부 수피안은 낙타 똥을 발견했다. 손가락으로 뭉개보니 대추야자 조각이 들어 있었다. 오아시스에서 온 낙타였다.

근처에 있군.

그는 즉시 낙타 머리를 돌리고 메카로 전령을 득달같이 보냈다.

소식을 들은 메카는 바로 행동에 나섰다. 물론 몸이 안 따라주는 사람도 있었지만.

끄응… 난 포목상이지 군인은 아니잖아!!

메카의 전투 부대는 이슬람교도와 한판 겨루기 위해 출동했다. 중간에 아부 수피안이 합류하여 방향을 알려주고, 본인은 대상을 이끌고 메카로 돌아갔다.

많은 원로가 희생당한 메카는 이제 아부 수피안이 이끌었다. 그는 복수하기 전까지는 요리한 음식을 먹지 않겠다고 다짐했다.

저 양반한테는 사형 선고나 다름없지!

이듬해 아부 수피안은 우후드에서 이슬람교도를 섬멸했다.

집에 가서 만두나 먹어야지!

아부 수피안은 메디나까지 공격했다.

아줌마, 짜장면 곱빼기요!!

그러나 무슬림은 도시 주변에 깊은 참호를 파놓았다. 난생처음 보는 방어막에 수눅 든 공격군은 철수하고 말았다.

음… 찝찝하지만 불어터지기 전에 가서 짜장면이라도 먹자.

무슬림은 일진일퇴를 거듭하며 싸움이 끝날 때마다 매번 똑같은 작전을 폈다. 유대인을 공격한 것이다. 우후드 전투 뒤 무함마드는 메디나의 바누* 나디르 부족을 공격했다.

* 바누 = 아무개의 자손들

'참호'로 적을 막은 뒤 메디나에 마지막으로 남은 유대인 부족 바누 쿠라이자를 공격하여 부녀자를 노예로 만들고 700명의 남자를 죽였다. 이제 무슬림은 메디나를 독차지했다.

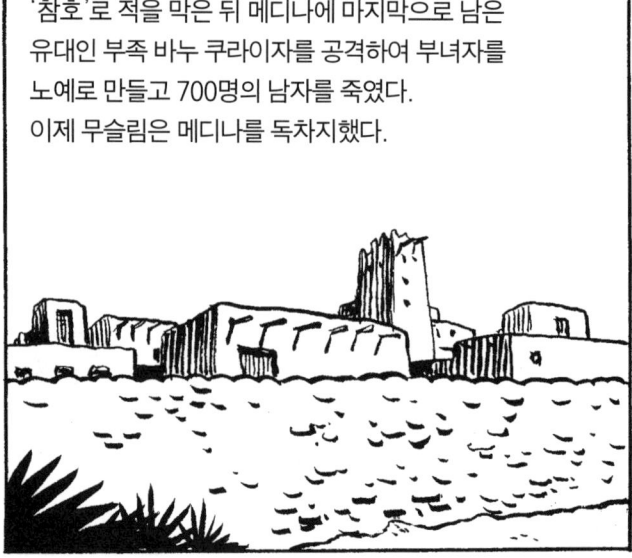

그러나 상황은 다시 반전되었다. 620년대 후반 '로마'의 헤라클리우스 신임 황제가 페르시아를 공격하여 제국의 영토를 거의 되찾은 것이다.

628년 로마 군대는 마침내 예루살렘까지 탈환했다. 유대인은 다시 떼죽음을 당했다.
인간이 싫다, 그치?

무함마드는 전략을 재빨리 바꾸었다. 메카와 휴전을 하고, 페르시아라는 든든한 보호자를 잃은 아라비아의 유대인을 압박했다.

우선 아랍 여러 부족의 호응을 얻어 군사력을 키웠다.

그리고 북부 아라비아에 있던 인구 5만의 유대인 거점 도시 카이바르를 공격했다.
끼악!

도시를 함락한 무슬림은 카이바르 유대인에게 연간 수입의 절반을 메디나에 바치도록 강요하고 물러갔다.
'언제부터'라고는 말 안 한 거죠?

갑자기 무슬림은 윤택해져서 메카의 부러움을 샀다!
찰랑 찰랑

'로마'가 페르시아와 전쟁을 벌여 잃어버린 영토를 회복했다고 앞에서 말했다. 헤라클리우스 황제는 '로마'의 영광을 되찾고자 했다!

누가 알아? 진짜 도시 로마까지 다스릴 날이 올지?

그러나 우마르도 부족 사이의 끝없는 반목과 분열을 단칼에 날려 보낼 수 있는 묘수를 찾고 있었으니

내부의 공격력을 외부로 발산하여 이슬람 제국을 넓히는 것이었다.

로마는 우리 밥이다!

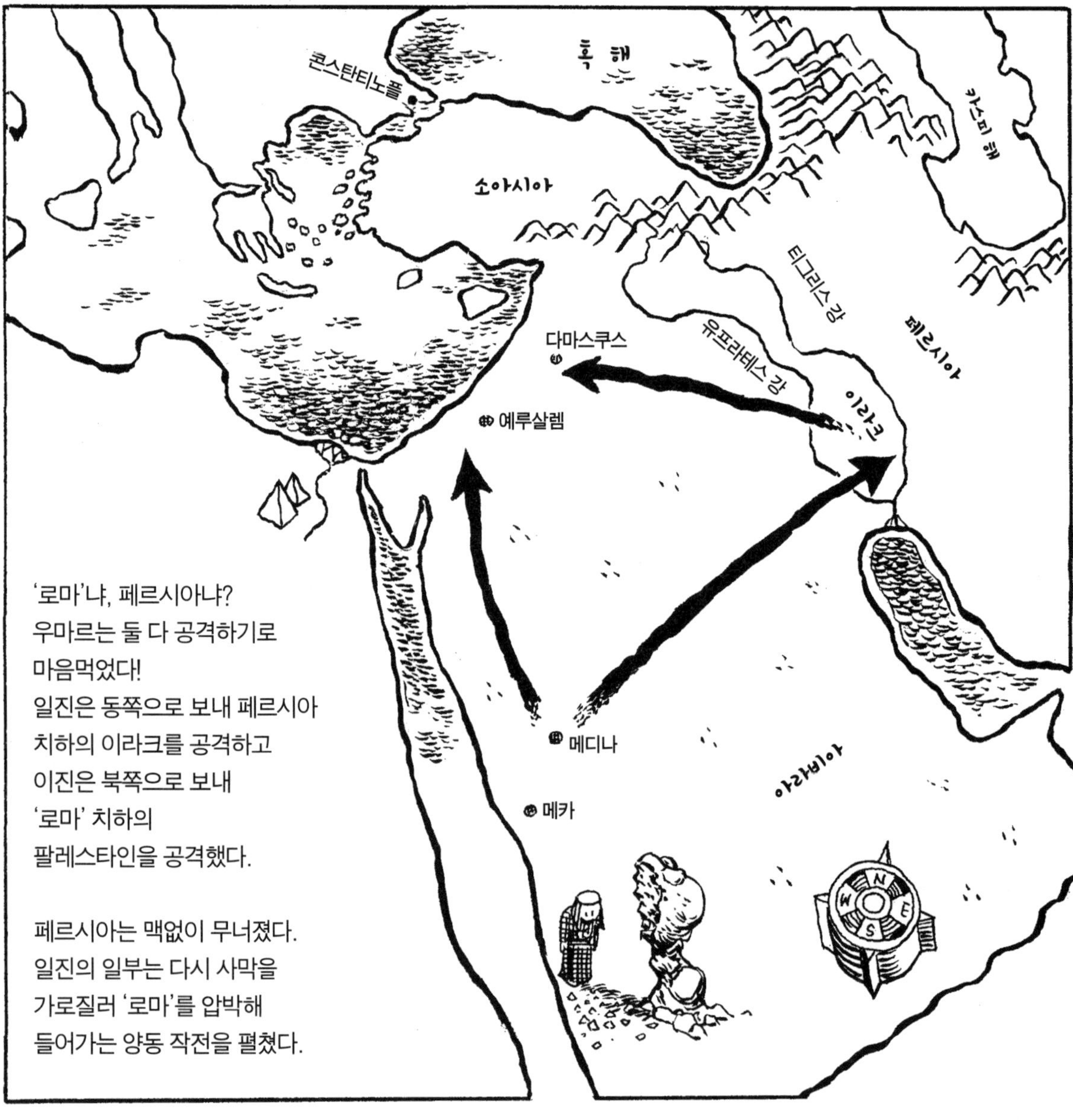

'로마'냐, 페르시아냐?
우마르는 둘 다 공격하기로 마음먹었다!
일진은 동쪽으로 보내 페르시아 치하의 이라크를 공격하고 이진은 북쪽으로 보내 '로마' 치하의 팔레스타인을 공격했다.

페르시아는 맥없이 무너졌다. 일진의 일부는 다시 사막을 가로질러 '로마'를 압박해 들어가는 양동 작전을 펼쳤다.

페르시아처럼 '로마'도 전란으로 예전의 국력이 아니었다. 황제는 서둘러 증원군을 팔레스타인으로 보냈다. 636년 여름에는 5만 명이 팔레스타인을 지켰다. 8월 20일 '로마' 군대는 아랍 군대와 한판 승부를 벌였지만 보기 좋게 패했다. 생존자는 없었다. '로마'의 위신은 하루아침에 추락했다.

팔레스타인과 시리아는 함락되었다. 638년 우마르는 예루살렘으로 조용히 입성했다.

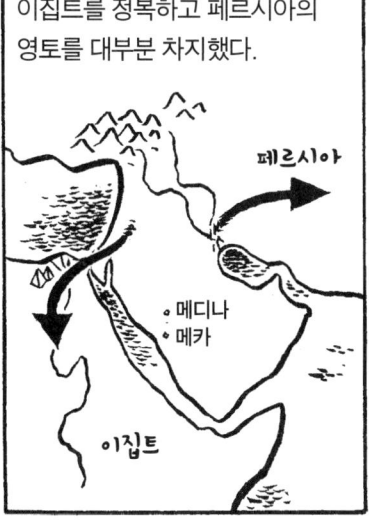

6년도 못 되는 사이에 아랍 군대는 이집트를 정복하고 페르시아의 영토를 대부분 차지했다.

콘스탄티노플에서는 헤라클리우스가 실성하여 죽었다.

정복한 땅에서 우마르는 무함마드의 정책을 충실히 따랐다. 유대교나 그리스도교를 억지로 개종시키지 않는다는 방침이었다. 납세 장부에 오른 이집트, 팔레스타인, 시리아의 거의 모든 주민은 신앙 유지를 허락받았다.

세상에 공짜는 없는 법. 이 자루에다 돈을 가득 채워주시오.

무슬림은 거의 세금을 내지 않았다. 국고는 그리스도교도와 유대교도 (그리고 조로아스터교도와 개종자)가 내는 세금으로 충당했다.

날강도가 따로 없죠?

그래도 세금을 위에서 착복하지는 않았다. 위정자의 사치로 탕진된 비잔틴과는 달리 일선 군인에게까지 골고루 혜택이 돌아갔다.

'로마' 놈들은 저 두 배는 가져갔지, 아마?

아랍인은 돈을 주체하지 못했다! 금화 50만 냥이 메디나로 쏟아져 들어오자 칼리프는 숫자 감각을 잃고 말았다.

5000냥의 100배라구요.

설마!

그때까지 시리아, 팔레스타인, 이집트는 아리우스파, 단성론파, 네스토리우스파 등이 각각 독립적인 교회를 운영했으나 정통 교리를 둘러싸고 심한 대립을 벌였다.

자 봐봐, 2736쪽 48장 9절에 하느님의 적(그러니까 너희들)은 썩은 달걀 냄새가 난다고 적혀 있잖아!

사돈 남말 하고 있네.

'로마'(여기서는 그리스 정교) 교회와 이들 지역 교회는 누가 정권을 잡느냐에 따라 서로를 탄압했다.

파문이다!

누가 할 소릴! 넌 파문할 가치도 없어, 짜샤!

교회의 반목은 무슬림이 들어오면서 자연스럽게 누그러졌으니 많은 그리스도교도는 안도했다!

저놈들이 왜 이단인지 내 가르쳐드리리까?

아서요! 아서! 제발 그것만은!!!

644년, 재위 10년을 맞은 우마르는 불만을 품은 하인에게 암살당했다. 다음 칼리프는 누가 될 것인가?

여기서 무함마드와 함께 활동한 또 한 명의 1세대가 등장한다. 무함마드와 하디자가 입양한 아들 알리였다. 무함마드가 하늘의 계시를 받기 전부터 같이 살았으니 세 번째 무슬림인 셈이었다.
사진은 찍지 말아주세요!

게다가 알리는 무함마드가 아끼던 딸 파티마와 결혼을 했다. (두 사람은 오누이 사이였으므로 특별한 허락이 필요했다.)

무예가 출중했던 알리는 페르시아 원정에서 혁혁한 전과를 올렸지만 칼리프 선발에서 두 번이나 미끄러졌고 세 번째도 고배를 마셨다. 납득하기 어려운 결과였다!
신앙심이 부족하길 해?
힘이 약하길 해?
철밥통들한테 밉보인 게 아닐까?

원로들은 학식 있고 점잖은 우스만을 칼리프로 뽑았다. 공교롭게도 우스만도 무함마드의 딸 루카이야와 결혼한 몸이었다.
그러니까 아내를 잘 만나야 출세하는 거네요, 형님?
알긴 아는구먼…

우스만은 막판에 이슬람으로 개종한 아부 수피안의 사촌이었다. 그러니 알리의 추종자들은 속이 부글부글 끓었다.
부글 부글 부글

알리의 추종자들은 12년 동안 못 볼 꼴을 보았다. 시리아 총독은 아부 수피안의 아들이었고 이집트 총독은 무함마드에게 사형 선고를 받았다가 아부 수피안의 비호로 목숨을 건진 사람이었다.

아부 수피안은 역적 아닙니까?

656년 알리의 추종자들은 메디나 사원에서 3대 칼리프를 암살했다. 남편을 막아섰던 우스만의 부인*도 손가락이 잘렸다.

* 무함마드의 딸은 일찍 죽었고 이 여인은 후처였다.

알리는 고대하던 칼리프로 등극했다.

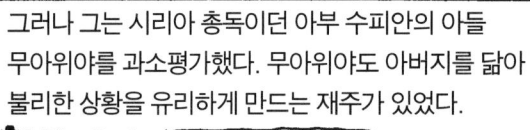
그러나 그는 시리아 총독이던 아부 수피안의 아들 무아위야를 과소평가했다. 무아위야도 아버지를 닮아 불리한 상황을 유리하게 만드는 재주가 있었다.

개인 수영장에서 그리스도교도 마누라랑 시시덕거리는 꼴이라니
부글 부글

무아위야는 칼부림으로 칼리프에 등극한 것은 불법이 아니냐고 따지며 사원에 보관했던 잘린 손가락을 제시했다.

허걱

그는 군사를 키워 알리에 맞섰다. 정면 승부를 앞두고 무아위야는 병사들에게 『코란』*을 창에 묶고 싸움터에 나가라고 지시했다.

기죽이기 작전!

*『코란』은 무함마드가 받은 계시를 시어로 엮은 책이다.

그 말은 칼보다는 말로 문제를 해결하자는 무언의 의사 표시였다. 알리도 호응했다.

그래, 나 무식하다.

양측은 학식 있는 사람들로 대표단을 구성하여 장시간 토론을 벌였다.

주저리 주저리 주저리 주저리 주저리 주저리 주저리 주저리 주저리.

무아위야의 입장에서는 시간을 끌수록 유리했다!

주저리 주저리 주저리 주저리 주저리 주저리 주저리 주저리 주저리.

661년, 아니나 다를까 기다리다 지친 알리의 추종자들 가운데 일부가 무함마드의 아들이자 사위이자 사촌이었던 알리를 암살했다.

아부 수피안의 아들 무아위야는 피 한 방울 안 흘리고 칼리프로 등극했다!

자중지란을 유도했다고나 할까요, 큭큭!

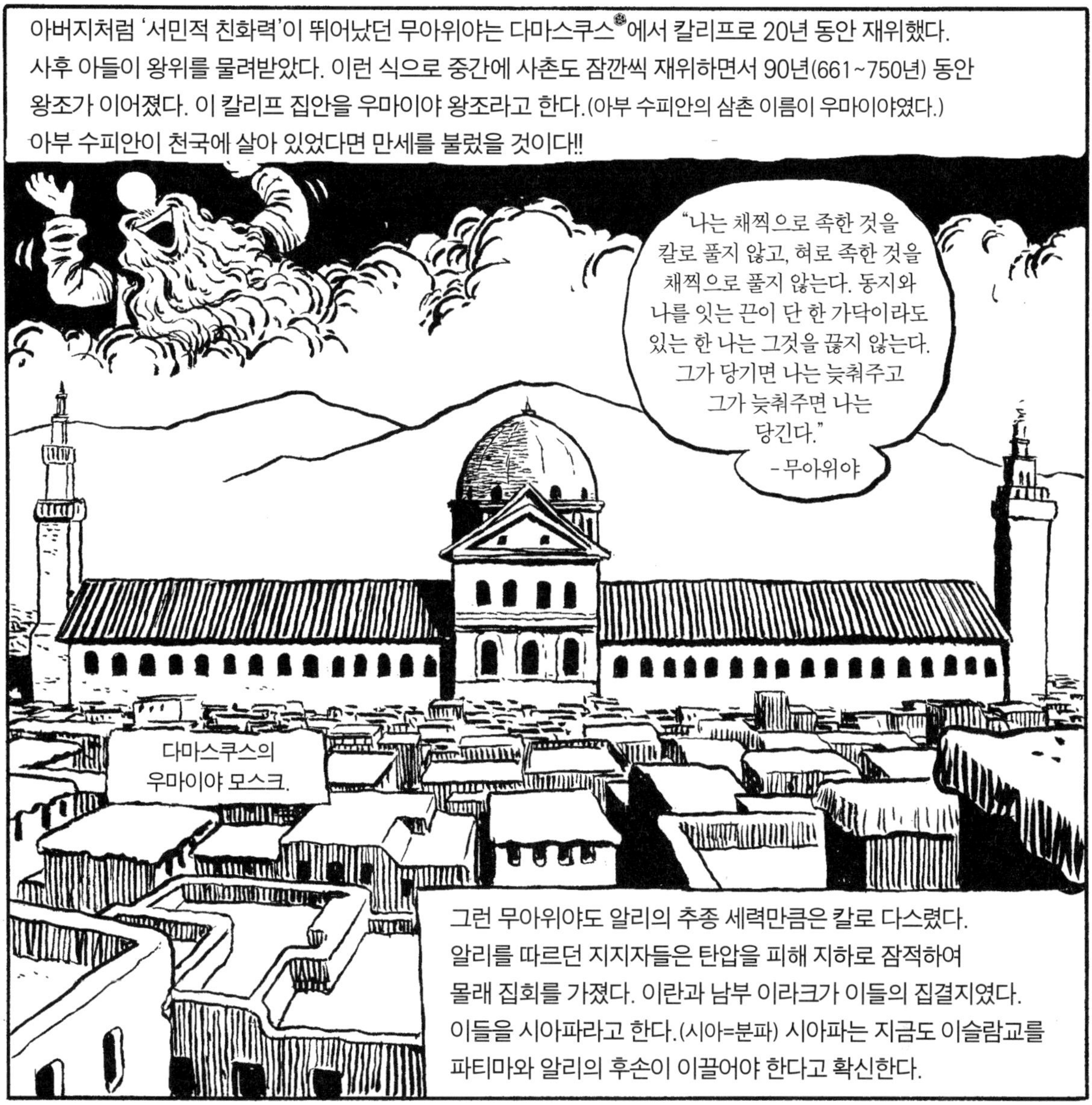

아버지처럼 '서민적 친화력'이 뛰어났던 무아위야는 다마스쿠스에서 칼리프로 20년 동안 재위했다. 사후 아들이 왕위를 물려받았다. 이런 식으로 중간에 사촌도 잠깐씩 재위하면서 90년(661~750년) 동안 왕조가 이어졌다. 이 칼리프 집안을 우마이야 왕조라고 한다.(아부 수피안의 삼촌 이름이 우마이야였다.) 아부 수피안이 천국에 살아 있었다면 만세를 불렀을 것이다!!

"나는 채찍으로 족한 것을 칼로 풀지 않고, 혀로 족한 것을 채찍으로 풀지 않는다. 동지와 나를 잇는 끈이 단 한 가닥이라도 있는 한 나는 그것을 끊지 않는다. 그가 당기면 나는 늦춰주고 그가 늦춰주면 나는 당긴다."
- 무아위야

다마스쿠스의 우마이야 모스크.

그런 무아위야도 알리의 추종 세력만큼은 칼로 다스렸다. 알리를 따르던 지지자들은 탄압을 피해 지하로 잠적하여 몰래 집회를 가졌다. 이란과 남부 이라크가 이들의 집결지였다. 이들을 시아파라고 한다.(시아=분파) 시아파는 지금도 이슬람교를 파티마와 알리의 후손이 이끌어야 한다고 확신한다.

시리아인의 뛰어난 항해술로 무아위야는 아랍 최초의 해군을 만들어 소아시아 일원의 해안과 섬을 공략했다.

흔들리는 것이 낙타는 저리 가라네!

낙타는 멈추라면 멈추기라도 하지.

저게 뭐야?

그들은 제우스 청동상, 곧 세계 7대 불가사의 중 하나인 로도스의 거상을 보았는데, 무슬림에게 그것은 또 하나의 우상이나 다름없었다.

영차...

으샤...

로도스상을 박살낸 다음 유대인 고물상에게 팔아넘겼다. 다 싣고 가는 데 무려 900마리의 당나귀가 동원되었다.

재활용은 좋은 거라고!

무아위야는 영토 확장에 박차를 가했다. 그의 대를 이은 칼리프들도 군대를 이란 너머로, 소아시아로, 멀리 북아프리카로 보냈다. 690년에는 이미 방대한 제국으로 탈바꿈했다.

711년 북아프리카의 아랍인은 스페인으로 진격하여 순식간에 그곳을 점령했다.

아랍 해군은 항구 혹은 바다에서 유럽 선박을 공격했다. 유럽과 아프리카를 이어주었던 지중해가 이제는 둘을 갈라놓았다.

무슬림 대상은 사하라 사막을 가로질러 가나까지 진출했다.

그러나 장벽도 있었다. 652년 아랍인은 이집트 남쪽 누비아까지 삼키려던 야심을 접고 누비아인과 통상 조약을 맺었다.

밀가루를 다오!
노예를 다오!
좋다!

아랍 군대는 콘스탄티노플 성벽까지 쳐들어갔지만 718년 철수했다.

체면만 구겼다!

스페인에서 프랑스까지 밀고 올라갔지만 732년 투르에서 패배하여 스페인으로 돌아왔다.

다시는 오나 봐라!

아르메니아 카스피 해

아랍 원정군은 이란 북부의 튀르키예까지 쳐들어갔지만 거센 저항에 부딪쳤다. 그래도 전리품과 노예는 짤짤하게 챙겼다. 페르시아 왕족은 이때 중국으로 피신했다.

세계 최대 아프가니스탄 바미안 불상도 이때 침략군에 의해 훼손되었다.

이라크

페르시아 아프가니스탄

이란에서 이슬람교도는 불교와 조로아스터교를 탄압했다. 일부 조로아스터교도는 인도로 도주하여 파르시 공동체를 세웠는데 이것은 지금도 건재하다.

아라비아

인도

홍해 연안에서 아랍인은 에티오피아의 항구를 불사르고 해안 지역의 주민을 이슬람교로 개종시켰다. 에티오피아의 그리스도교도는 첩첩산중에 가로막혀 고립무원 지경에 놓였다.

751년 아랍은 중앙아시아의 탈라스 강에서 중국과 맞섰지만 양측 모두 엄청난 피해를 보았다.

(이때 포로로 붙잡힌 중국인이 아랍에 종이를 만드는 제지술을 가르쳐주었다고 한다.)

우마이야 왕실은 잇따른 원정으로 지쳤고 재정도 고갈되었다. 그래서 역사상 전무후무한 조세 정책을 펴나간다.

우리 둘이라도 국경선을 정해야 하지 않겠소이까?

이대로가 보기 좋네요.

관료주의의 폐해도 가르쳐드릴까?

우마이야의 종교와 세금

지금부터 우마이야 조세 정책의 기구한 역사를 알아볼까 한다.
아랍은 처음에는 나라를 통치하는 데 별로 돈이 들지 않았다.
군대도 그냥 천막을 치고 지냈고, 우마르 같은 지도자도 검소하게 살았다.

그러나 칼리프가 사치의 유혹에 넘어가는 것은 시간 문제였다. 우마이야 왕조는 상인 집안이 아니던가!

원래 통이 좀 커요!

으리으리한 사원과 저택이 들어섰다. 메디나에서도 건국 공신의 후손들은 나라에서 받은 녹으로 처첩을 거느리고 가무와 연회를 즐기며 살았다.

평화의 도시, 바그다드

새로 등극한 칼리프 아부 알 압바스는 깨끗한 이슬람 왕조를 세운다는 명분 아래 우마이야 왕족의 씨를 말렸다. 그는 피를 뿌리는 사람이라는 별명을 자신에게 붙였다.

정직한 게 좋잖아!

그는 부하를 시켜 우마이야 왕손 80명을 잔치에 초대해서 살해하고, 송장 위에 가죽 담요를 깔아 다른 손님들이 그 위에 앉아 식사를 하게 만들었다.

맛이 죽이죠?

여든한 명이 먹다가 여든 명이 죽어도 모르겠는데…

잔치에서 빠져 간신히 목숨을 건진 왕족은 뺑소니를 쳤다. 두 어린 왕자는 유프라테스 강으로 뛰어들었는데, 한 명은 겁이 나서 돌아오다가 붙잡혀 살해당했고 한 명은 무사히 강을 건너 훗날을 기약한다.

잘 가라!

아부 알 압바스는 사람을 죽이다 지쳐 얼마 뒤 숨을 거두었다. 동생 알 만수르도 닥치는 대로 적을 죽이고 칼리프 자리에 올랐다. 그는 연못 안에 소금 덩어리로 집을 짓고 그 안에 정적을 가두었다. 안에 갇힌 사람은 서서히 가라앉는 소금에 깔려 죽었다.

혀로 핥아서 탈출하는 방법은 없었을까요?

고혈압으로 죽으면 자네가 책임지나?

알 만수르는 아주 막된 사람은 아니어서 사람을 죽이는 데서 재미를 못 느꼈다. 더욱 짜릿한 자극이 필요했다. 그는 오래 갈 수 있는 제대로 된 문명을 세우기로 마음먹었다. 그래서 페르시아의 내로라하는 시인, 학자, 법률가, 심지어 불교 승려의 자문까지 얻어가면서 새로운 수도를 건설하기로 했다.

국가 경쟁력을 위해 이 한 몸 바치겠습니다, 여러분!

768년 무함마드의 주옥같은 전기를 쓴 대학자 무함마드 이븐 이스하크가 죽었다. 그는 예언자 무함마드에 관한 전설을 집대성하고 비교 평가하여 불후의 명저를 썼다.

알 만수르의 부하들은 아부 수피안의 역할이 두드러지지 않도록 역사를 다시 쓰라고 압박했으나 이븐 이스하크는 끄떡도 하지 않았다.

아부 수피안은 허수아비라니까! 마누라한테 바가지만 긁혔잖소! 그렇게 안 쓰면 국물도 없을 줄 아소!

국물이라…

이븐 이스하크는 한 학생의 논문을 평가하면서 학자로서 불후의 명언을 남겼다. "이건 수의사가 손을 좀 봐야겠구먼."

한마디로 개똥이라 이거야!

티그리스 강과 아라비아 해를 연결하는 길목에 있던 바그다드로 아프리카, 인도, 동아시아에서 상아, 금, 노예, 비단, 후추, 진주, 보석이 쏟아져 들어왔다.

하루아침에 돈을 번 벼락부자가 속출했다!

어쩌면 부자가 되나요, 선생님?

허허… 나도 믿기지 않는 이야기오만, 어느 날 램프 장수가 바그다드에 와서 "낡은 램프를 새 램프로 바꿔주겠다"고 합디다. 그래서 두 말 않고 새걸로 바꿨지요.

램프를 닦고 있는데 그 안에서 도깨비가 튀어나오더니 쩌렁쩌렁한 목소리로 "주인님 덕분에 감옥에서 해방되었습니다. 보답하는 뜻에서 소원을 세 가지 말씀하시면 들어드리지요!" 하더라구요. 당연히 소원을…

그 얘기를 하니깐 램프가 불티나게 팔리더라구!!

당시의 여행자는 궁전과 사원 말고도 공립 병원, 공원, 정원, 휴게소, 욕장, 대학, 천문대, 한마디로 수준 높은 문명의 요소를 만끽할 수 있었을 것이다.

> 별천지가 따로 없네요.

> 부러워라.

알 만수르 일가는 5세기(750~1258년) 동안이나 이슬람 제국을 통치했다. 무함마드의 삼촌이었던 메카의 먼 조상 알 압바스의 이름을 따서 이를 압바스 왕조라고 불렀다.

alcohol[술], alchemy[연금술], alembic[증류기], alkali[알칼리], algebra[대수], amber[호박: 보석의 종류], algorithm[알고리듬], arsenal[무기고], admiral[제독], alcove[벽감: 벽의 움푹 들어간 공간]은 중세 아랍어에서 온 영어 단어다. sugar[설탕]와 syrup[시럽]도 아랍어에서 왔다!

> 영어 못 해도 얼마든지 잘만 살았다고!

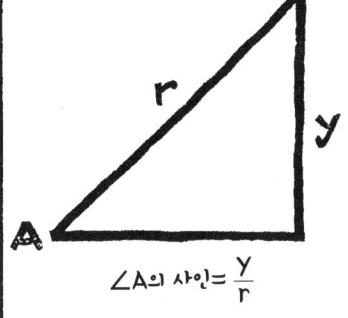

'아랍어'도 다른 데서 들어온 말이 태반이었다. 가령 기하학 용어 '사인'은 아랍어로 바다의 '만'을 뜻하는데 사인과 만은 아무런 관련이 없다.

∠A의 사인 = $\frac{y}{r}$

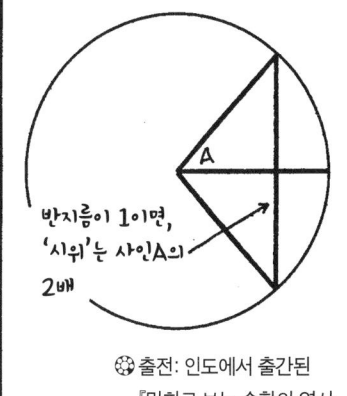

사인은 사실 아랍인이 인도 기하학에서 베낀 용어였다. 사인은 산스크리트어로 '활 시위'를 뜻한다.

반지름이 1이면, '시위'는 사인A의 2배

출전: 인도에서 출간된 『만화로 보는 수학의 역사』

아랍의 정복은 끝났지만 이슬람의 영향력은 나날이 커졌다.
이슬람 전도사와 율법관은 대상과 동행하면서
아프리카, 향신료의 고장 인도, 중국에서 많은 사람을 이슬람으로 개종시켰다.

그리스도교를 믿던 유럽도 이슬람의 위세를 알고 있었다.

콘스탄티노플의 레오 황제는 신의 모습을 나타내는 것을 금하는 이슬람 교리에 일리가 있다고 보았다. 그로부터 하느님의 모습을 재현한 조각과 그림을 때려 부수는 성상 파괴 운동이 한 세기 동안이나 계속되었다.

독일의 카를(일명 샤를마뉴) 황제는 콘스탄티노플에 맞서는 동맹을 맺기 위해 바그다드로 외교 사절을 보냈다.(그는 로마는 좋아했지만 '로마'라면 질색이었다.)

이슬람 쪽 기록은 안 남아 있지만 샤를마뉴의 대표단은 바그다드에 무사히 당도했음에 틀림없다.

칼리프한테서 받은 놀라운 문물에 관하여 독일인이 쓴 내용이 남아 있는 것이다!

칼리프는 샤를마뉴에게 시계, 체스판, 코끼리를 보냈다. 모두 독일에서는 그때까지 듣도 보도 못한 것이었다. 왕은 자기가 입을 수의에도 코끼리 무늬를 넣으라고 지시했다.

다음번에는 나도 코끼리로 태어날래!

그 소식에 스웨덴도 자극을 받았다.

저것들이 우리만 빼놓고!

코끼리가 유럽 땅을 처음 밟은 지 몇십 년 만에 스웨덴인은 남쪽으로 밀고 내려가 러시아를 세우고 바그다드에 보석과 노예를 수출하기 시작했다.

슬레이브[노예]를 원하세요, 슬라브[러시아인]를 원하세요?

우리 눈엔 똑같이 보이네요.

모든 게 순탄하고 장미빛 미래가 열린 것처럼 보였지만 실은 그때부터 바그다드의 아랍 제국은 무너지기 시작했다.

무너지는 아랍 제국

751년 권력을 잡은 순간부터 압바스 왕조는 이슬람 제국 전역을 다스리는 데 실패했다. 스페인은 새로운 왕조에 순순히 협조하지 않았고 788년에는 모로코가 떨어져 나갔다.

820년에는 양손잡이 타히르라는 외눈의 태수가 봉기를 일으키는 바람에 페르시아 일부를 잃었다.

그러나 바그다드의 몰락은 튀르키예인으로 구성된 왕실 수비대가 몰려들면서 본격화되었다.

나중에 자세히 소개하겠지만 튀르키예인은 이란 북쪽과 북동쪽에 살면서 아랍인에게 시달린 종족이었다. 튀르키예인은 아랍인에게 노예로 팔리기도 했다.

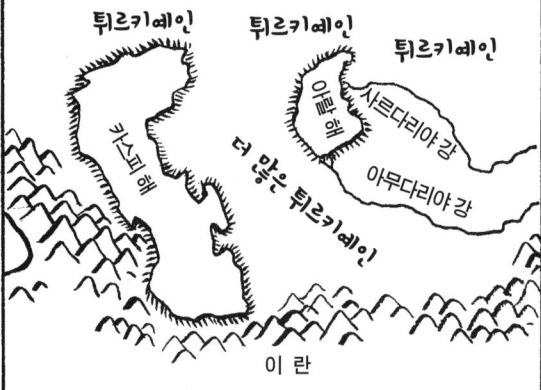

그런 노예 가운데 한 명이 하룬 알 라시드라는 칼리프의 첩이 되었고 이 여자한테서 태어난 아들 알 무타심이 833년 권좌에 올랐다.

외가와 가까웠던 알 무타심은 4000명의 튀르키예 병사에게 경호를 맡겼다.

들판을 겁 없이 휘젓고 다니던 튀르키예인들은 눈에 뵈는 게 없었다. 그들은 사방에서 문제를 일으켰다.

836년 알 무타심은 100킬로미터쯤 떨어진 새 수도 사마라로 궁전과 근위대를 전격 옮겨 잠시 평온이 유지되었다.

861년 튀르키예 근위병들은 앙심을 품고 칼리프 알무타와킬을 살해하고 그의 아들을 옹립했다.

근위대는 10년 동안 5명의 칼리프를 끌어올리고 끌어내렸다.

칼리프는 나라일은 뒷전이고 경호원들 눈치만 보며 살았다.

가령 사탕수수 농장이 많은 남부 이라크에서 민란이 발생했지만 칼리프는 수수방관했다.

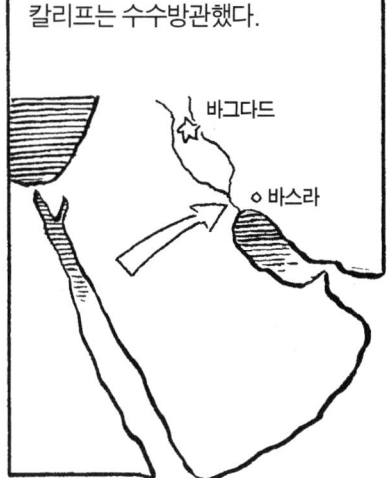

사탕수수 농사는 힘들기로 유명하지만 남부 이라크에서는 특히 더 힘들었다. 고대 수메르 때부터 1000년이 넘게 염분이 많은 물을 끌어들여 농사를 짓다 보니 땅에 소금기가 너무 많아서 씨를 뿌리기 전에 먼저 두껍게 쌓인 소금기부터 걷어내는 것이 일이었다.* 그렇게 어렵게 재배한 사탕수수의 수확기가 되면 물집이 생기고 등허리가 휘도록 중노동을 했다. 이 일은 아랍어로 '잔지'라고 부르는 동아프리카 출신 노예들이 맡아서 했다.

* 아랍의 화학자들은 이 흙에서 질산염을 추출하여 폭죽 등 다양한 용도로 썼던 것 같다.

868년 한 사탕수수 농장에서 반란이 일어났다. 일부 노예가 감독에게 대들고 그를 죽인 것이다. 자유의 몸이 된 노예들은 늪으로 몸을 숨겼다. 반란은 사방으로 퍼져 나갔다.

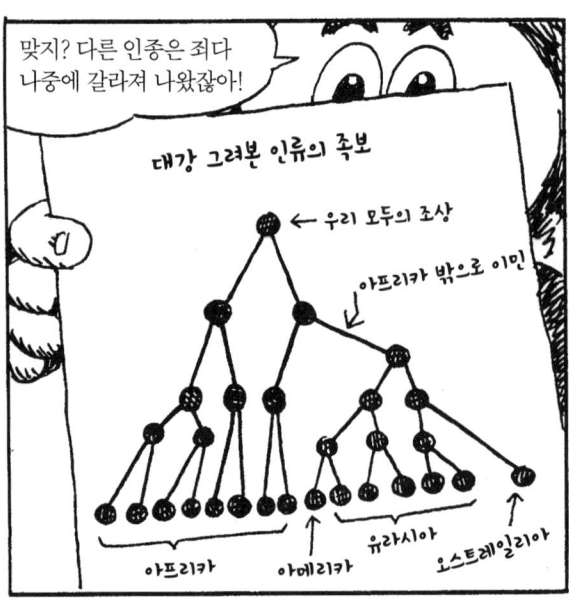

2
아프리카, 다양성의 보고

1만 년 전 아프리카는 지금과는 사뭇 달랐다. 산과 밀림, 벌판이야 당연히 있었지만, 지금은 광활한 사막으로 뒤덮인 북아프리카에도 그 당시에는 호수와 초원, 야생 동물이 있었다.

사막이 넓어지다

사람들은 자연스럽게 이 야생 동물을 사냥감으로 따라다녔다.
시간이 흐르면서 이 수렵인들은 사람이 다가가면 영리하게 달아날 줄 아는
얼룩말이나 기린 같은 동물과는 달리, 사람이 와도 신경을 안 쓰고
집적거려도 통 반응을 안 보이는 소라는 특이한 동물에 주목하기 시작했다.
이렇게 해서 아프리카의 수렵인은 소를 기르는 목축인으로 탈바꿈했다.

소를 가지면 소 욕심이 자꾸 더 생기게 마련이었다.
이웃보다 더 많은 소를 갖고 싶어 하게 마련이었다.
그래서 이제는 소를 잡아먹지 않고 젖을 짜거나
(어려운 시절에는) 피를 나게 해서 마시기 시작했다. 자연히 소는 늘어났다.
이렇게 사람의 보살핌 속에서 가축은 걷잡을 수 없이 많아졌고
먹이는 급격히 줄어들었다.

방랑하는 반투족

드넓은 농경지의 남쪽은 울창한 적도였다. 이곳은 작은 개울과 큰 강이 많아 고온다습했고 자연히 온갖 생명의 보금자리가 되었다. 밀림을 터전으로 오래전부터 살아온 사람도 있었다. 아득한 옛날 이런 숲에서 살던 사람들은 금을 발견했다. 금은 세상을 바꾸어놓지만 그것은 나중 일이고 지금은 그저 신기한 물건에 불과했다.

어디에 쓰는 물건인고?

숲에는 뛰어난 예술가도 살았다.

❋ 기원전 500년경에 제작된 나이지리아 두상.

기원전 2300년경 일부 서아프리카 농경민은 고향을 등지고 남쪽으로 이주하기 시작했다. 오늘의 반투족은 그들의 후예다.

농경 생활에는 대가족이 유리했다. 대가족은 더 많은 농경지를 요구했다. 게다가 북에서 끊임없이 내려오는 이주민으로 토지는 부족해졌다. 일부 반투족은 먹고살기 위해 고향을 등졌다.

혼자만 잘 살면 무슨 소용?

그들 중에는 숲으로 들어가 남쪽으로 이주한 사람도 있었다.

또 어떤 사람들은 씨앗과 농기구를 가지고 숲지대 외곽을 돌았다.

목축민처럼 반투 농경민도 동아프리카의 평원과 언덕 자락에 닿았다.

그들은 땅을 파고 씨를 뿌리고 비가 오게 해달라고 하늘에 기우제를 올렸다.

할 줄 아는 게 춤 말고 있어야 말이죠!

그리고 기다렸지만, 애석하게도 동아프리카는 서아프리카와 우기가 달랐다. 그래서 반투족은 좋아하는 작물을 기르는 데 실패했다. 큰일이었다!

쪼르륵…

춤도 때와 장소를 가려서 춰야 하니 봐, 지기야.

반투족을 수렁에서 구한 것은 동아시아인이었다. 구체적으로는 망망대해로 모험을 떠난 말레이인이었다.

말레이인과 그 사촌격이었던 폴리네시아인은 선체가 겹으로 된 배를 타고 이역만리 땅*을 찾아 나섰다. 배 안에는 돼지, 바나나, 식용 쥐, 고구마와 비슷한 얌, 타로라는 큰 토란이 식량으로 실려 있었다.

폴리네시아인은 어떤 대륙으로부터도 3000킬로미터 넘게 떨어진 이스터 섬까지 가서 뿌리를 내리고 살았다. 이 섬의 여러 부족은 경쟁적으로 큰 석상을 만들어 숲에서 벌채한 통나무를 깔아 해안으로 밀고 가 세웠다.

나무가 없어지자 흙이 깎여나갔다. 농토도 줄어들었다. 엎친 데 덮쳐 비까지 적게 내렸다.(수분을 대기로 끌어올리는 것도 나무의 역할이었다.)

그런데도 부족들은 너도나도 큰 석상을 짓기에 여념이 없었고 결국 나무를 싹쓸이했다. 생태계의 완전한 괴멸이었다.

아무래도 떠야겠다!

어디루?

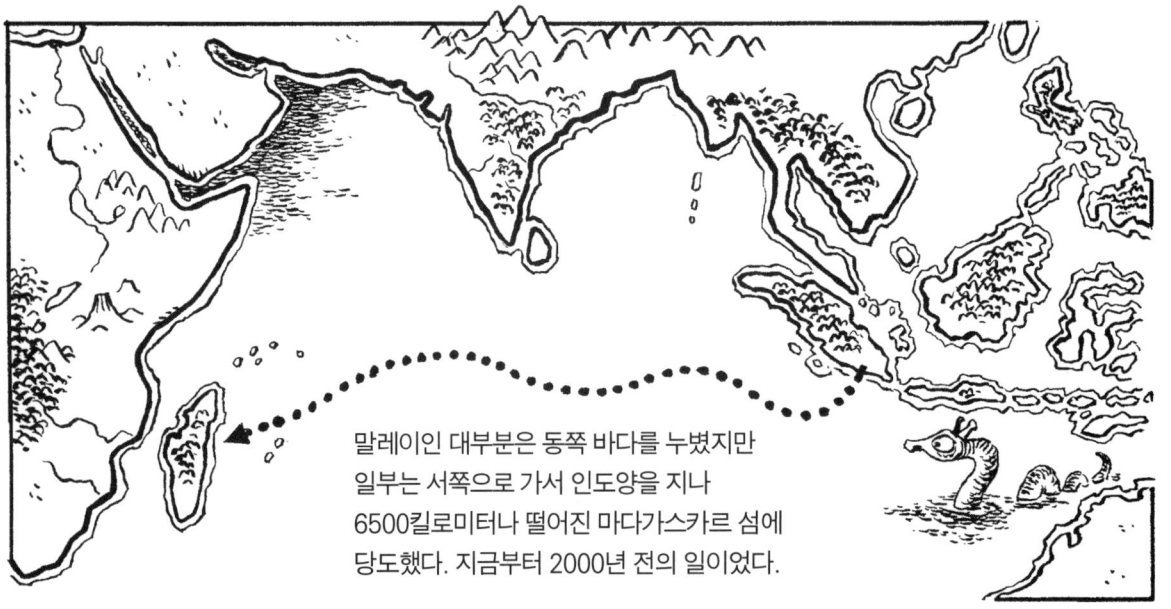

말레이인 대부분은 동쪽 바다를 누볐지만 일부는 서쪽으로 가서 인도양을 지나 6500킬로미터나 떨어진 마다가스카르 섬에 당도했다. 지금부터 2000년 전의 일이었다.

마다가스카르는 사람이 살지 않는 열대의 낙원이었다.

손 좀 봐줄까!

바나나와 타로가 지천에 널려 있어 배를 곯을 염려도 없었다. 날씨도 고향과 똑같았다!

에휴, 지겨워.

이윽고 말레이인은 아프리카 본토에도 이주민을 보낸 듯하다.

거기서 그들이 만난 것은 피골이 상접한 반투족이었다.

동아프리카에서도 기를 수 있는 작물이 졸지에 반투족의 손에 들어왔다. 반투족은 타로와 얌을 갖고 튀었다. 그리고 남부 아프리카로 뿔뿔이 흩어졌다.

배고프다. 집으로 돌아가자.

누비아와 에티오피아

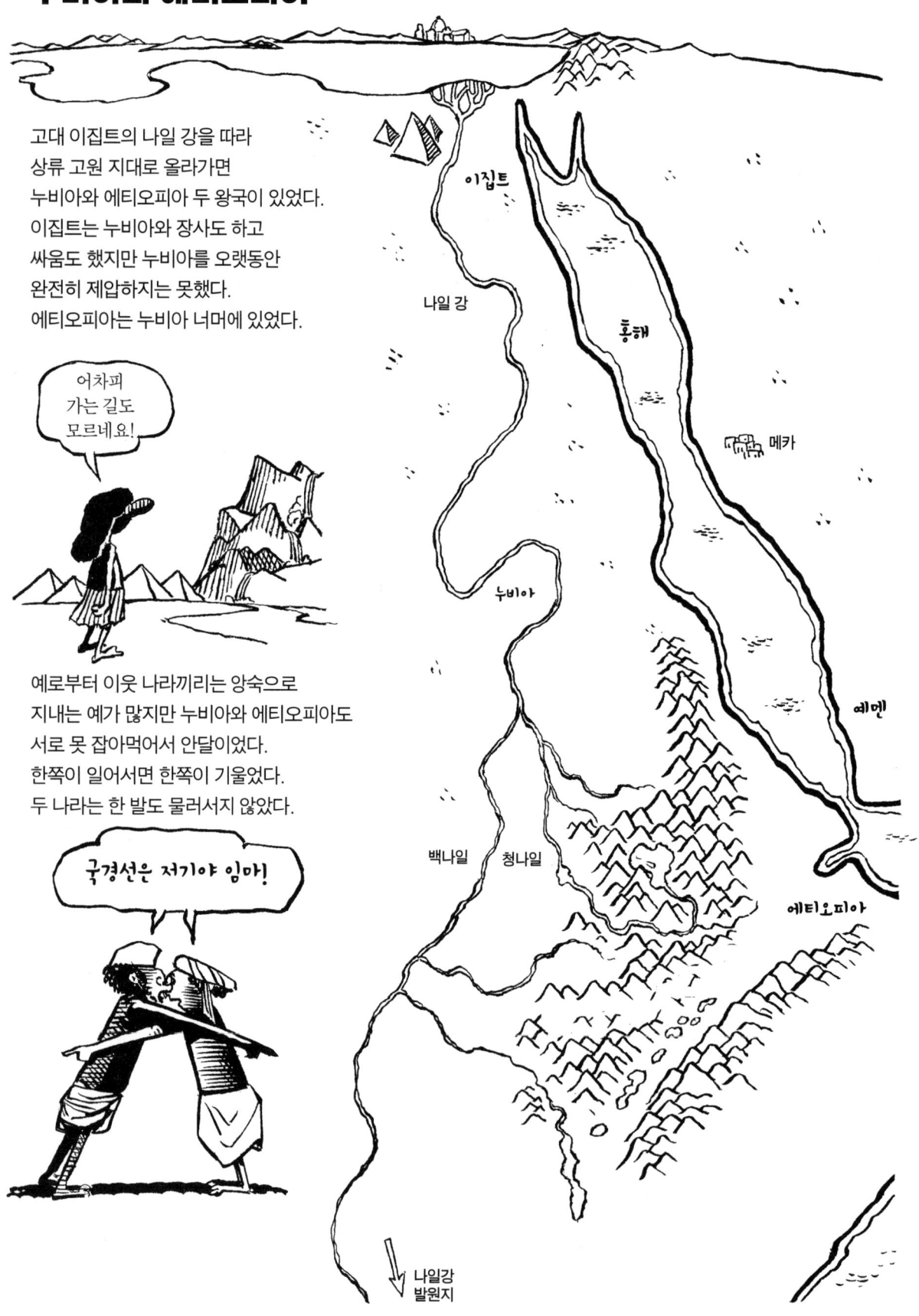

고대 이집트의 나일 강을 따라
상류 고원 지대로 올라가면
누비아와 에티오피아 두 왕국이 있었다.
이집트는 누비아와 장사도 하고
싸움도 했지만 누비아를 오랫동안
완전히 제압하지는 못했다.
에티오피아는 누비아 너머에 있었다.

예로부터 이웃 나라끼리는 앙숙으로
지내는 예가 많지만 누비아와 에티오피아도
서로 못 잡아먹어서 안달이었다.
한쪽이 일어서면 한쪽이 기울었다.
두 나라는 한 발도 물러서지 않았다.

누비아의 돈줄은 금광, 소, 노예였다. 누비아인은 걸핏하면
서쪽의 이웃 나라로 쳐들어가 주민을 잡아 이집트에 노예로 팔아넘겼다.

이집트를
방문하는
누비아 공주와
시종들

고대사에는 '누비아 노예'가 흔히 나오지만
실은 '누비아' 노예 대부분은 타 지역 출신이었다.

이집트가 기울자 누비아의 국력은 하늘을 찔렀다. 기원전 700년 누비아는
이집트를 정복했다. 이집트풍 신전과 피라미드가 나일 강 상류에 속속 들어섰다.

누비아보다 상류에 자리 잡은 에티오피아는 산악 지형의 이점을 톡톡히 누렸다. 우선, 외세가 이곳을 침략하기가 녹록치 않았고… 다음으로는, 한번 맛을 들이면 도저히 끊을 수가 없는 신비한 콩과 식물을 기르기에 기후 조건이 안성맞춤이었다. 지금 온 세계인이 즐겨 마시는 커피였다.

커피는 바깥세상에 뒤늦게야 알려졌다. 오랫동안 그것은 에티오피아인만의 비밀이었다.

그게 뭔가, 총각?

신경 끄세요!

그리스 역사가 헤로도토스만 해도 에티오피아인은 이 세상에서 가장 아름다운 종족이라고 썼지만 에티오피아인이 이 세상에서 가장 말똥말똥한 줄은 미처 모르고 있었다!

왜 저리 말들이 많을꼬?

아홈, 잠시만 실례. 졸음이 쏟아져서 커피를 한잔 더 마셔야 하던 이야기를 마무리 지을 수 있겠네.

딸깍
휘리리리리
보글보글
보글
꼴깍 꼴깍
꼴깍

히히히! 에티오피아에서 좁은바다만건너면거기가예멘인데 사람들은옛날부터왔다갔다하면서 섞여살았는데이제에티오피아역사가 본격적으로시작된다이말씀!

엄마! 저 아찌 무서!

에티오피아인은 민족의 기원을 시바 여왕이 예루살렘으로 솔로몬 왕을 찾아갔던 (구약 「열왕기」 상 10장 1~10절) 기원전 900년대로 잡는다. 시바는 예멘에 있지만 에티오피아는 그녀가 자기네 여왕이었다고 주장한다.

전설에 따르면 여왕은 솔로몬이 얼마나 대단한 인물인지 확인하고 싶어서 예루살렘으로 갔다.

긴 여정 끝에 여왕은 지혜와 사치와 여색으로 명성이 자자했던 솔로몬 왕을 만났다.

도착한 날부터 여왕은 솔로몬 왕의 수작을 뿌리치기에 바빴다.

당신을 위해 내 손수 만든 곡이니 들어보구려!

그대의 눈을 보면 비둘기가 생각나오. 그대의 머리카락을 보면 염소가 생각나오. 그대의 이빨을 보면 양이 생각나오.

잇따른 거절에 부아가 치민 솔로몬은 시바의 음식에 소금을 듬뿍 치라고 요리사에게 명령했다.

밤중에 여왕은 갈증을 못 이기고 잠에서 깨어났다.

부인, 와 보시오!

물은 당연히 솔로몬의 침실에만 있었다.

에티오피아 전설에 따르면 여왕은 임신을 한 몸으로 돌아왔고, 여기서 태어난 아들이 에티오피아의 처음 왕으로 등극했다. 이 왕조는 20세기 중반까지 3000년 동안 이어졌는데, 에티오피아 문화에는 유대인 풍습이 스며들어 있었다고 한다!

그리스도교 왕들

기원전 300년대 후반 알렉산드로스 대왕이 이집트를 정복한 뒤 들어선 그리스 마케도니아 혈통의 프톨레마이오스 왕조는 에티오피아와 사이좋게 지내면서 공동의 적이었던 누비아를 압박했다.

에티오피아는 인도로 통하는 홍해의 길목도 장악하고 있었으니 이집트를 차지한 그리스인 입장에서는 에티오피아와 좋게 지내는 것이 여러모로 유리했다.

"멀리 이집트에서 포도주와 번지르르한 진상품이 도착하였나이다, 네구스*이시여!"

"친구는 이 맛에 사귄다니까!"

*에티오피아 군주의 공식 호칭

기원전 200년경 그리스 상인은 에티오피아 항구 아둘리스를 비롯한 여러 곳에 점포를 냈다. 그로부터 300년 뒤에는 그리스도교 선교사가 이곳에 당도하기 시작했다.

"와, 커피를 마시니까 포교의 성과가 두 배는 오르겠네!"

서기 300년대 초반 그리스 출신의 한 그리스도교인이 에자마라는 에티오피아 왕자의 가정교사가 되었다.

"예수님은 왕자님을 사랑합니다!"

"사람 보는 눈이 있군!"

에자마는 왕위에 올랐고 서기 333년 세례를 받은 뒤 그리스도교를 에티오피아의 국교로 선포했다!

"좋아. 마지막으로 한 번 더 묻겠네. 평화를 지키면서도 나라를 다스릴 수 있는 길이 있을까?"

"기적을 바라는 게 낫겠지요!"

이슬람 상륙하다

아프리카 역사에서 중요한 역할을 맡은 이슬람이 처음 이 대륙에 온 것은 서기 618년이었다. 전에 말한 대로 무함마드가 에티오피아로 선교사를 파견했다.

그들은 네구스, 곧 에티오피아 왕을 만나 메카의 이교도와는 달리 무슬림은 에티오피아인의 신을 존중하며 에티오피아인의 친구라고 말했다. 네구스는 흐뭇했다.

"내 교회에 똥을 싼 그놈들!"

에티오피아 왕은 환대를 베풀었지만 왕 본인도 국민도 이슬람에는 시큰둥한 반응을 보였다.

"봤죠? 한번 따라해 보실래요?"
"구경이나 하려네."

결국 무슬림은 대부분 고향으로 철수했다.

"한 가지 물읍시다, 여자들 재산을 강탈한다는 게 말이나 되는 소리요?"

그동안 이슬람은 강성해졌고 640년 다시 아프리카 원정에 나서 이집트를 침공했다.

"전하, 놈들이 아라비아를 쓸어버렸다 하옵니다! '로마'도 물리쳤고, 이집트도 페르시아도, 시리아도 무너뜨렸답니다!"
"음… 낙타가 산을 기어오르려나?"

이집트를 정복한 여세를 몰아 누비아까지 공격했으나…

"무리야!!"

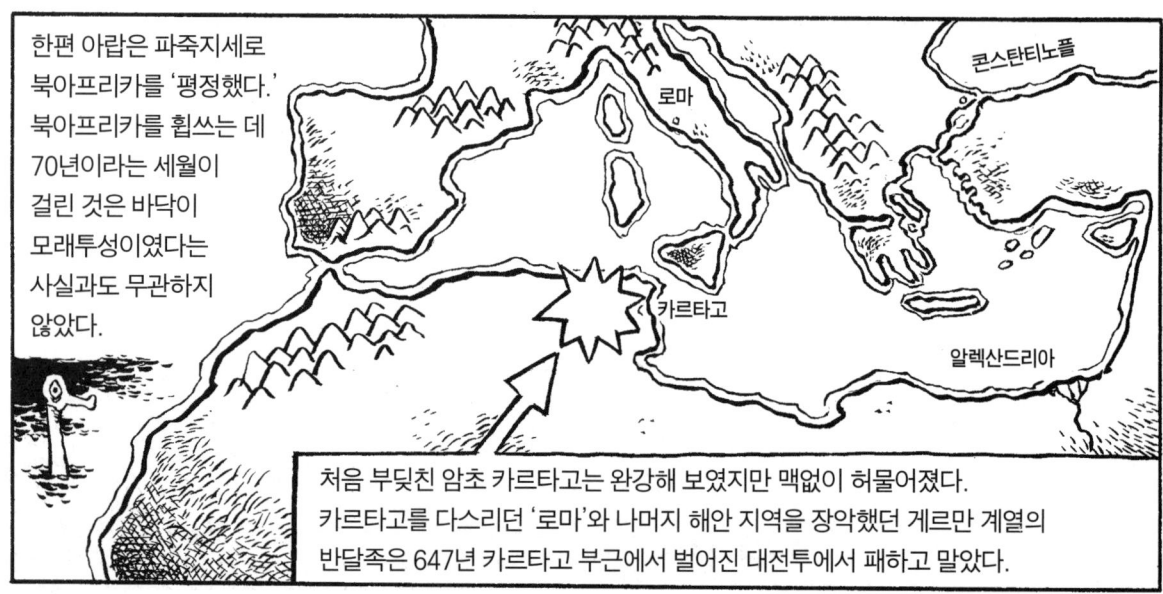

처음 부딪친 암초 카르타고는 완강해 보였지만 맥없이 허물어졌다. 카르타고를 다스리던 '로마'와 나머지 해안 지역을 장악했던 게르만 계열의 반달족은 647년 카르타고 부근에서 벌어진 대전투에서 패하고 말았다.

지루한 협상 끝에 베르베르의 한 부족인 아라바족의 족장 쿠사일라가 미끼를 덥석 물었다. 그는 678년 전체 부족을 이슬람으로 개종시켰다.

아랍·아라바 연합군은 아니나 다를까 연전연승을 거두었다.

그것을 본 다른 베르베르인도 너도나도 이슬람으로 개종했다!

진심이라니까요!!

하지만 전리품이 줄어들자 아랍 병사가 불만을 터뜨렸다. 모두 다 같은 편이 되면 도대체 누구를 약탈한단 말인가?

버거킹이 있어 뭐가 있어? 우리는 그저 약탈로 먹고 살 수밖에 없다구!!

그럼 그럼.

아랍 장군은 병사들의 불만을 잠재우기 위해 쿠사일라의 재산을 약탈했다. 엄청난 실책이었다!

쿠사일라는 잠자코 있었다. 군대를 거느리고 대서양까지 나아갔다.

거기서 아라바 군대는 아랍 병사를 공격하기 시작했다.

학살을 끝내고 베르베르 병사들은 카르타고의 아랍 기지로 금의환양했다.

쿠사일라는 10년간 북아프리카를 다스렸지만 결국 아랍 증원군이 밀려왔고, 690년 전사하고 말았다.

물을 만난 수단

로마 시대에 낙타가 처음 아프리카에 들어왔다는 데 이의를 다는 역사가는 없어 보인다.* 아랍인이 오기 훨씬 전부터 사하라에서는 낙타로 사람과 짐을 실어 날랐다.

너무 이용만 당하는 것 같아서 억울하지만 우물거리고 침 뱉는 것 말고 내가 할 수 있는 건 없어요!

* 역사가들이 의견 통일을 본 극히 드문 경우가 아닐까 싶다.

이제는 바싹 말라버린 사하라 사막은 낙타가 있으면 한 달 안에 주파할 수 있었다.

사하라 횡단의 마지막 휴식처는 목적지에서 1주일 거리쯤 떨어진, 온통 소금으로 지어진 황량한 오아시스 마을이었다. 여기서 외로운 전령이 보급품을 요청하려 남쪽으로 떠났다. 보급품 조달에 실패하면 낙타 상단은 난감한 처지에 빠졌다.

여기서도 지낼 만한가?

일은 괜찮은데, 혈압이 높아져서 탈입니다.

서기 700년경 처음으로 아랍인이 작열하는 태양에 헥헥거리느라 늘어진 혀를 질질 끌고 수단(아랍어로 '흑인의 땅'이란 뜻)에 도착했다.

혓바닥 좀 집어넣고 이야기합시다.

헥헥… 죄송.

떠오르는 가나

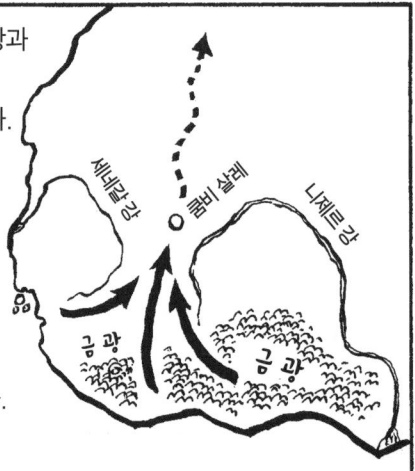

여행자는 세네갈 강과 니제르 강 사이의 쿰비 살레에 닿았다. 소닌케라는 종족이 공격하여 가나 왕국을 세운 곳이었다. 수단의 황금은 이곳을 거쳐 북부로 운반되었다.

금을 모두 손아귀에 넣은 왕은 요란하게 장식했다.

으, 눈 아파!

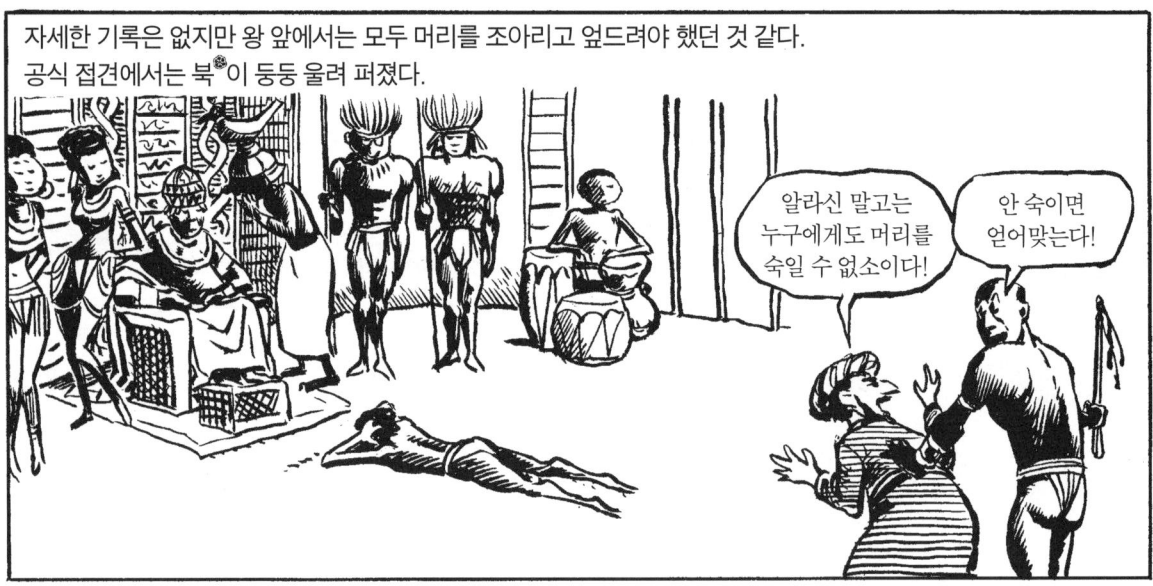

자세한 기록은 없지만 왕 앞에서는 모두 머리를 조아리고 엎드려야 했던 것 같다. 공식 접견에서는 북이 둥둥 울려 퍼졌다.

알라신 말고는 누구에게도 머리를 숙일 수 없소이다!

안 숙이면 얻어맞는다!

아프리카인이 북으로 장거리 교신을 하는 것을 보고 훗날 유럽인은 북을 '밀림의 전보'라고 불렀다. 그러나 북소리는 정글을 제대로 뚫고 나가지 못했다.

참, 모기 코 고는 소리까지 다 들리겠다!

두둥둥 두둥둥

수단 서쪽에 있던 가나, 말리, 송가이, 카넴 왕국은 모두 확 트인 들판에 있어 북소리가 멀리까지 전달되었다.

우둥탕 우둥탕 탕탕두
두탕 두둥두 탕탕 우둥둥탕
당당 투둥둥

뭔 소리래?

몰라도 돼!

어떤 나라에서는 왕이 모든 북을 독차지했다. 정보 통신 산업을 독점한 셈이었다!

유럽인은 1850년에 가서야 전보를 발명했다면서!

다시 살벌한 740년대로 돌아오자.
바야흐로 이슬람 세계는
혁명의 회오리바람에 휘말렸다.

우마이야 왕조의 조세 정책을 기억하는가? 세금을 깎아주어 이슬람 개종 열풍을 일으켰던 그 정책. 720년대에 북아프리카 총독은 뒤늦게 개종한 사람들의 세금을 인상했다. 대부분 베르베르인이었던 그들은 발끈했다!

베르베르인의 불만은 한두 가지가 아니었다. 전투가 벌어지면 베르베르 군은 늘 앞에서 싸웠고 아랍 군은 뒤에서 느긋하게 따라오면서 좋은 전리품을 챙기기에 바빴다. 베르베르 군은 남 좋은 일만 해주는 격이었다. 아랍 군은 베르베르인의 양과 염소를 훔쳤고 여인을 욕보였다. 참다못한 베르베르인은 740년 다시 폭동을 일으켜 아랍인 장교에게 대들었다.

그러나 아랍인과의 싸움이 끝난 뒤
베르베르인 사이에서 내분이 일어났다.

그리고 북아프리카는 군소 부족국가로 분열되었다.
'사막의 은행 금고'로 불렸던 시질마사도 그 가운데
하나였다. 시질마사는 그 후 200년 동안 독립을 유지했다.

이슬람 세계는 격변기였다. 우마이야 왕조가 무너지고 압바스 왕조가 들어섰다. 바그다드가 세워졌다. 새로운 칼리프와 페르시아 출신의 대신은 모든 이슬람교도를 평등하게 대우하려고 노력했다. 하지만 사태는 돌이킬 수 없었고 아프리카는 너무 멀었다.

아프리카가 도대체 어디 붙어 있는 거야.

788년 모로코 총독은 앞으로 바그다드에 돈을 못 보내겠다고 통보했다.

전하께는 유감 없습니다만, 요놈의 세리 등쌀에 못 살겠어요!

800년대 초에는 이집트에서 내란이 일어났다. 수십 년 동안 바그다드는 세금을 거두려고 안간힘을 썼지만 무소득이었다.

저 도둑놈 잡아라!!!

이집트가 약해지자 누비아는 기가 살았다. 836년 누비아는 오래 전에 맺었던 조약에 따라 바그다드에 보내던 금과 노예를 더 이상 안 보내겠다고 선언했다.

팔면 돈인데 왜 공짜로 주냐고!

그러니까 말입니다.

그다음 250년 동안 누비아는 금과 노예를 나일 강 하류로 팔아 번영을 누렸다. 누비아의 부호는 온수와 냉수가 나오는 대저택을 지었다.

더운물이 왜 필요할까?

바그다드로 돈을 안 보내니 서아프리카는 무역이 활성화되었다. 모로코와 가나(시질마사를 운 좋게 끼고 있었던 덕분에)의 교역량은 크게 늘었다. 사하라 남부에는 더 많은 이슬람 사원이 지어졌다.

바그다드로서는 죽을 맛이었다.

얘야, 우린 어쩌면 좋냐?

덥네요, 아버지.

잔지 반란

앞서 말한 것처럼 이 무렵 바그다드에서는 튀르키예인으로 이루어진 근위대가 마음대로 칼리프를 갈아치우고 있었다.

심심한데 칼이나 갈아야겠다!

또야!

칼리프 체제를 수렁에 빠뜨린 반란은 남부 이라크의 사탕수수 농장에서 시작되었다.

869년 알리 이븐 무함마드라는 사람이 탈주 노예 집단에게 접근하여 자기가 지휘봉을 맡겠다고 나섰다. 그는 자기가 정의로운 칼리프이며 마술사라고 주장하면서, 온갖 감언이설을 늘어놓았다!

나만 따르면 여러분은 막강한 전투력을 갖게 돼! 노예를 왕자로 만드는 거, 개구리를 감쪽같이 증발시키는 거, 난 뭐든지 할 수 있어! 마술사거든! 자, 봐요!

허걱!

펑

알리 이븐 무함마드의 제안은 잔지 노예를 고민스럽게 만들었을 것이다.

보나마나 또라이야!

하지만 아무래도 지리를 잘 알 테니.

한번 맡겨 보자구.

그 마술은 어디서 배웠을꼬.

일부 반란 노예는 마술사의 밑으로 들어갔다. 그들은 전투에서 이겨 무기도 확보했다. 얼마 안 가 여기저기서 노예들이 들고 일어나 이븐 무함마드의 군대에 합류했다.

칼리프의 정부군은 토벌에 나섰다가 매복한 반란군의 역습을 당하기 일쑤였다.

하류인 바스라에는 정부군 병사들의 목이 둥둥 떠내려왔다.

잔지 반군은 14년 동안 남부 이라크를 장악했다. 아무도 그들을 건드리지 못했다. 그들은 사탕수수만 먹으며 버텼다.

그들은 죽기 살기로 싸웠고 인정사정 보지 않았다. 모세와 스파르타쿠스 이래로 노예는 항상 처절하게 싸웠다.

하지만 그들은 결국 졌다. 883년 잔지 토벌에 총력을 기울인 칼리프가 보낸 정예군은 잔지 요새를 점령하고 이븐 무함마드를 살해한 뒤 학살극을 저질렀다.

잔지 반란은 아시아, 유럽, 아프리카에도 영향을 미쳤다.

칼리프, 칼리프, 칼리프

잔지 반란이 미친 영향을 살펴보면 우선 이집트가 독립했다. 반란이 일어나자 칼리프는 이집트 총독에게 돈을 달라고 요청했지만 총독은 거부했다. 그 뒤로 이집트는 바그다드의 말을 듣지 않았다.
히히!

둘째로 동아프리카와 페르시아 만의 교역이 수세기 동안 침체되었다.
놋그릇, 찻잔, 야성미 넘치는 남자들은 어떻게 된 거야?

셋째로 반란에 가담한 이슬람교도가 칼리프의 탄압을 피해 대거 아프리카로 건너왔다.
희소식!『코란』한번 읽어보겠소?
별꼴이야.

가령, 아부 압둘라라는 시아파 포교사가 사하라 중북부에 살던 가난한 종족 쿠타마 베르베르족 앞에 나타났다.

그는 자기가 부패를 일소하고 이슬람 세계를 정의롭고 순수하게 만들, 마흐디라는 선각자가 보낸 사람이며 마흐디는 거룩한 알리와 파티마의 후손이라고 선전했다.
마흐디가 선생님이 아니라고요?
아니라니까.

지금은 몸을 숨기고 있지만 마흐디는 곧 나타날 거라고 압둘라는 말했고 사람들은 그 말을 믿었다.
선생님인 거 다 알아요!
아, 아, 아니라니까!

아부 압둘라의 통솔력 덕에 쿠타마 부족은 903년 단 한 해에 튀니지를 거의 다 장악했다.
선생님이 아무리 빼도 저는 선생님이 거시기일 수밖에 없다고 믿어요.
어휴...

간단히 말해서 슬라브와 자윌라가 베르베르를 눌렀고, 이때부터 마흐디는 노예 부대에 기대어 권력을 휘둘렀다.

"노예가 주인 되는 나라, 우리나라 좋은 나라!"

마흐디는 20년이 넘도록 권좌에서 물러나지 않았다. 북아프리카의 시아파는 그를 모든 이슬람의 지도자요 진정한 칼리프라고 불렀다. 그것은 엄청난 도덕적 권위가 실린 칭호였다.

"노예라고 우습게 보지 말라고."

(그런가 하면 스페인의 지배자도 칼리프를 자처했다. 그러니까 칼리프가 자그마치 세 명이나 있었다!)

마흐디가 죽고 나서 아들이 권좌를 물려받았다. 이 시아파 왕조는 먼 조상인 무함마드의 딸 파티마의 이름을 따서 파티마 왕조라고 불렀다. 시아파는 파티마가 자기들 선조라고 주장하지만 반론을 제기하는 사람들도 있다.

"마흐디의 외가 쪽이 유대인이라는데요."

파티마 왕조의 역대 칼리프는 마흐디의 야심을 실현했다. 그들의 군대는 시칠리아(948년), 이집트(969년), 시질마사(978년)를 정복했다. 누비아 노예군 5만 명, 슬라브군, 강력한 해군은 무적을 자랑했다.

"산 자여 따르라!"

노예 하면 보통 무장을 해제하거나 감시해야 한다고 생각하는 것이 상식이다. 수천수만의 노예에게 무기를 쥐어주었다는 것이 쉽게 이해가 가지 않는다.

"믿을 놈이 있어야 말이지!"

내막은 이랬다. 마흐디에겐 군대가 필요했지만 그는 국내에 아무런 기반이 없었다. 아무도 그를 위해 나서지 않았다!

"오기가 나서 졸개부터 장군까지 죄다 노예로 채웠지!"

놀랍게도 그게 먹혔다. 파티마 왕조의 노예군은 수세기 동안 건재했고 후대의 수많은 토후, 칼리프, 술탄이 이것을 모방했다. 하지만 노예군을 거느린 군주는 하루도 마음 편할 날이 없었으리라.

"우리는 어차피 막 가는 인생인 거 아시겠지." "뭐, 원하는 게 뭐야."

승리를 자축하기 위해 파티마 왕조의 한 칼리프가 카이로에 새로운 수도를 지었다. 수도 건설의 첫 삽을 뜬 것은 로마인, 더 구체적으로 말하면 그리스계 시칠리아인이었던 개선 장군 자화르와 그가 이끄는 노예 부대였다.

막상 이집트로 수도를 옮기니 분위기가 심상치 않았다. 거기다 시아파는 소수였다.

자연히 칼리프는 노예 부대에 계속 기댈 수밖에 없었고

그리스도교도와 유대교도를 구워삶았다.

 파란 눈에 반미치광이 칼리프 알 하킴 (재위 996~1021년)은 그리스도교도와 유대교도에게 매몰차게 굴었다. 세금을 매기고 감옥에 가두고 우스꽝스러운 옷을 입게 했다. 어머니가 그리스도교 신자였는데도 그랬다. 하기야 스승까지 죽인 사람이니 무슨 짓인들 못할까?

알 하킴은 건장한 노예 마수드와 카이로 시내를 싸돌아다니다가, 부정직한 상인을 만나면 마수드를 시켜 남색을 하게 만들었다. 지금도 카이로 사람들은 "자꾸 괴롭히면 마수드 불러온다!"라는 말을 한다.

알 하킴이 죽자(누이에게 살해당했을 가능성이 높다) 추종자들은 드루즈라는 종파를 만들어 그를 숭배했다. 드루즈파는 다른 이슬람교도로부터 워낙 멸시를 받아서 오늘날 드루즈교도 중에는 이스라엘 군대에 들어간 사람도 있다.

왕조의 부침과는 무관하게 늘 흥청거리는 곳이 있었으니, 바로 시질마사였다. 파티마 왕조 치하 시질마사의 주조소에서는 세계 최고의 순도를 자랑하는 디나르 금화를 만들었다. 시질마사는 거래, 사업가, 안내인, 남쪽으로 가는 율법학자로 늘 북적거리는 도시였다. 노예와 재물이 흘러넘쳤다. 화려한 과거를 뒤로하고…

오늘의 시질마사는 이러하다.

이슬람 남하하다

마흐디 휘하의 시아파가 북진하는 동안 이슬람 포교사는 남진했다. 남하하는 포교사 중에는 파티마 왕조의 수하인도 있었고, 칼리프의 탄압으로부터 피신하는 사람도 있었다. 그들은 모두 수단에서 개종자를 찾았지만 처음에는 쉽지가 않았다.

사실 이슬람은 일시적으로 후퇴했다. 970년 파티마 왕조가 이집트를 공략하는 동안 가나 왕은 사하라 남부로 침공했다.

아직도 완강한 이교도였던 가나인은 베르베르인의 중요한 무역중계지인 아우다고스트를 점령했다.

그들은 모든 풍물을 가나의 관습으로 바꾸고 조공을 바치겠다고 자청한 베르베르인을 찾아냈다.

그다음 20년이 가나 제국의 전성기였다. 남과 북이 모두 안정되었다.

하지만 이슬람은 집요하게 가나로 파고들었다. 갈수록 많은 상인과 성직자가 몰려와서 가나 여인과 결혼하고 가정을 꾸렸다. 그리고 이슬람사원은 늘어만 갔다!

"이제는 우리랑 생김새도 비슷해졌네."
"그래도 옷은 아직 안 벗어젖혔네."

한편 이슬람 포교사는 가나의 부족과 도시를 들락거리면서 지배층을 상대로 열심히 전도 활동을 했다.

"저희 예언자께서는 여자는 제자리를 지켜야 한다고 말씀하셨사옵니다, 폐하! 이슬람을 받아들이면 골치 아픈 마누라들 꼼짝 못 하게 하실 수 있사옵니다! 통촉하여 주시옵소서!"
"여보세요."

성공률은 낮았다!

"충고 한마디 하겠는데, 그런 얘기는 남자 족장한테나 가서 하세요."
"그래도 만만한 게 여자라서."

아프리카에서 이슬람으로 개종한 최초의 왕은 세네갈 강 부근에 있던 타크루르의 통치자였다. 그는 1030년에 개종했다.

많은 아프리카 명문가에서는 자기네 조상이 아랍인, 페르시아인, 심지어는 '백인'으로까지 거슬러 올라간다고 주장한다. 생긴 건 옆집 사람과 다를 게 없는데도 말이다.

"나는 무사, 우리 아부지는 압둘라고, 할배는 아메드고, 할배 아부지는 이스마일이고, 할배의 할배는 바그다드의 난봉꾼 이브라힘이다!"
"피는 못 속인다더니."

현대 역사가들은 이들 집안이 백인 치하의 식민지 상황에서 자기네 신분을 부풀리기 위해서 족보를 날조했다고 믿었다. 기록이 없을 때 역사가가 애용하는 해석법이다.

"입에서 입으로 전해 내려온 건 믿을 수가 없지요, 난 안 속아요!"
"명문 집안에서 내려온 말은 더더욱 못 믿어요! 난 민중사가거든!"
"내 머리에서 떠오른 건 당연히 믿어야지요, 히히! 똑똑하니까!"

구원의 손길을 내민 것은 유전학이었다. 1999년 과학자들은 남아프리카 렘바족 DNA를 조사하여 서기 500년경 예멘에서 온 유대인의 후손이라는 이들의 주장이 사실임을 밝혀냈다.

"이래도 못 믿겠소?"
"책은 아니잖아!!"

한편, 북아프리카에서는…

우선 마그레브* 지역은 하나같이 바위와 모래만 널린 불모지는 아니었다. 이곳에도 비옥한 농경지가 있어 한때는 로마로 곡물을 수출하기도 했다. 파티마 왕조 치하 이곳 주민들은 대체로 잘 먹고 잘 살았다.

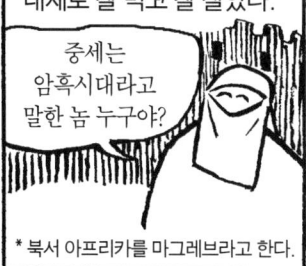

중세는 암흑시대라고 말한 놈 누구야?

* 북서 아프리카를 마그레브라고 한다.

1047년 마그레브 총독은 카이로에 반기를 든다.

파티마 돌대가리들한테 원하는 게 있으면 직접 와서 받아가라고 해.

말로 해요!

파티마 칼리프는 기세등등한 반란군을 제압할 수 있는 기발한 전략을 궁리했다.

호호… 그래 그래… 히히…

이집트에는 힐랄과 술라임이라는 두 아랍 부족이 옛날 옛적 방식으로 양을 치면서 살고 있었다. 칼리프는 그들에게 서쪽으로 가라고 꼬드겼다!

가서 맘대루 차지하세요!

1050년 그들은 약탈을 자행하면서 서쪽으로 전진했다.

냠냠 냠냠 냠냠 냠냠 냠냠

약탈도 약탈이었지만 역사가들에 따르면 더 심각한 문제는 가축들이 풀을 사정없이 뜯어먹어서 비옥한 들판이 불모지로 변했다는 데 있었다.

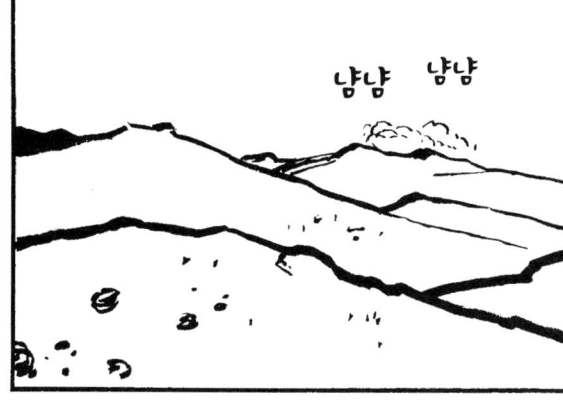

냠냠 냠냠

힐랄과 술라임 두 부족이 목적지를 코앞에 두고 잔뜩 들떠 있을 때 전혀 예상하지 못했던 남쪽 방향에서 새로운 침공군이 나타났다.

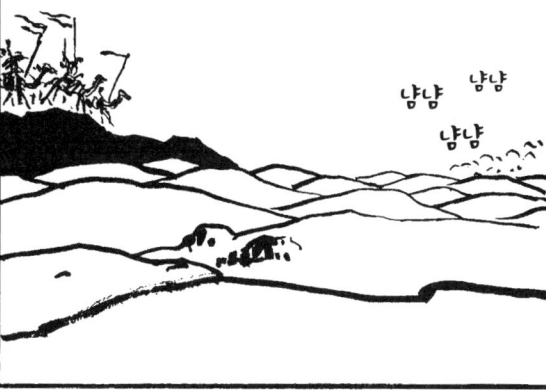

냠냠 냠냠 냠냠

알모라비데 대제국

남쪽에서 온 침략군의 지도자는 호전적 이슬람 포교사 압둘라 이븐 야신이었다. 사하라 깊숙이 자리한 본거지에서 이븐 야신은 노쇠한 가나 제국과 이집트 제국에서 그가 목격한 빈부 격차를 제거하기로 마음먹었다.

"제국이 썩었다는 징조 아니겠습니까!"

이븐 야신은 모든 가옥의 높이를 똑같이 낮추어야 한다고 믿었다.

"낮은 데로 임하소서!"

대궐 같은 저택을 가진 부자들한테는 미움을 샀지만 그의 구호는 오두막과 천막에서 살던 가난한 베르베르인의 심금을 울렸다!

"때려 부숴!" "때려 부숴!"

1055년경 그들은 아우다고스트를 점령하여 가나인을 몰아내고 가나인 밑에서 부귀영화를 누렸던 베르베르인의 집을 납작하게 만들었다.

"미친놈들, 멀쩡한 집을 왜 허물어!"

기세가 오른 이븐 야신은 사하라를 지나 북으로 군대를 진격시켰다.

"저기 모래 언덕이 너무 높은데요, 대장님!" "너 더위 먹었냐?"

파티마가 보낸 유목민이 튀니지의 벌판을 불모지로 만드는 동안 이븐 야신의 군대는 시질마사를 함락하여 황금을 거머쥐었다.

"이건 아무리 높이 쌓아도 괜찮아요."

높은 건물은 무조건 때려 부수는 광신도들은 순식간에 사하라 사막의 교역로를 장악해 가나의 숨통을 조였다.

"저, 전, 하, 헉, 헉, 헉…" "말을 해봐, 말을!"

1059년 이븐 야신이 전사하자 두 형제가 나서서 지휘봉을 잡았다. 역사에서는 이 부족 연합군을 알모라비데라고 부른다. 이 이름은 그들이 지은 알무라비트 요새에서 유래한 듯하다.

높게도 쌓았네!!

1070년까지 알모라비데는 모로코를 이미 손에 넣었고 … 1090년에는 지브롤터 해협을 건너 … 불과 4년 만에 스페인을 거의 다 평정했다.

걸음아 날 살려라! 도대체 이 복면을 한 무리는 어디서 온 거야?

사하라 남부에서도 알모라비데는 가나의 이교도를 소탕했다. 1075년 그들은 쿰비 살레를 약탈하고 불살랐다.(그렇지 않다고 주장하는 역사가도 있다.) 왕실과 소닌케 부족은 피신했다.

구더기를 무서워서 피하나, 더러워서 피하지!

어느새 알모라비데는 남북으로 3000킬로미터가 훨씬 넘는 대제국을 건설했다. 스페인이 아메리카 대륙을 차지하기 전까지는 이렇게 넓은 위도를 차지한 제국은 일찍이 없었다.

가나가 무너지자 이웃에 있던 카넴과 보르누(한가운데에 있던 커다란 왕국으로 아직 언급 안 했다)의 왕 움메 질메는 이슬람에 관심을 나타냈다.

"관심이라고요? 무서워서 그래요!"

카넴의 전통 사제 집단은 이슬람을 싫어했을 것이고 당연히 충돌이 벌어졌을 것이다.

"지옥에서 타죽어라, 악마, 우상숭배자!"
"우지끈 꺼져!"
"으악!"
"쿵!"

그래도 왕은 가정교사를 채용해 몰래 이슬람 교리를 공부했다.

"에이, 신경 쓰지 말고 진도 나갑시다!"
"툭탁 툭탁"

1090년경 왕은 자기의 신앙을 공개적으로 밝혔다.

"어디까지나 개인적으로 내린 결정이니 너희는 신경 쓸 거 없다, 신앙의 자유는 절대 보장하겠지만…"

"이슬람을 안 믿으면 너희를 등신이라고 부를지도 모르고…"
"이슬람 사원을 지으니 세금을 꽤 거둬야 할 것 같으며…"
"이슬람교도를 구박하는 사람은 내 손에 죽을 줄 알라."

움메 질메는 장기 집권을 했다. 그의 아들 두나마도 권좌에 오래 머무르면서 메카에 세 번이나 갔다. (하지만 돌아온 것은 두 번뿐, 마지막 귀로에 익사하고 말았다.) 아버지, 아들, 손자를 거치면서 카넴과 보르누는 12세기에 이르면 강대국으로 성장한다.

나날이 국력이 기울던 가나의 서쪽에서 말린케 부족 족장이던 순디아타가 이슬람으로 개종하여 군대를 양성했다.

"대세가 이슬람으로 기울었거든요!"

그는 가나 제국을 통일하고 영토를 덧붙여 대서양까지 이르는 왕국을 건설했다. 말리 왕국은 13세기와 14세기에 서아프리카 최대의 강대국이었다.

모든 수단인이 쌍수 들고 이슬람을 환영한 것은 아니었다. 새로운 종교를 깡그리 무시한 사람도 있었고 자기 종교에 적당히 끌어 맞춘 사람도 있었다.

"우리 신은 닭의 피를 좋아하시는데, 알라신도 좋아하실라나?"

이슬람교에 감연히 맞선 사람도 있었다. 이라크인의 피를 받아서* 자연히 이슬람교를 믿었던 족장을 아버지로 둔 오두드와가 바로 그런 사람이었다.

"엄마 종교는 무시해도 된다 이겁니까?"
"그리고 이게 천이지 어디 옷입니까?"

* 일설에 따르자면 그렇다.

오두드와는 아프리카 선조들의 신앙을 따르기로 마음먹고 신상을 세웠지만.

이슬람교도였던 형제가 여기에 불을 질렀다.

말다툼 끝에 오두드와는 형제의 『코란』을 빼돌렸다.

그리고 가까운 친구들과 함께 남쪽으로 무작정 떠나 나이지리아 해안의 이페라는 곳에 도착했다.

오두드와는 이곳에 요루바 왕국을 세웠다. 요루바는 이 일대를 통일하고 훗날 아메리카 대륙의 음악, 의술, 미술에 영향을 미쳤다.

일설에 따르면 오두드와는 훔친 『코란』을 끈으로 꽁꽁 묶어서 옥좌 밑에 깔고 앉았다고 한다.

"『코란』이라면 이가 갈려서, 허허…"

한편 이집트에서는 파티마 왕조의 칼리프 알 무스탄시르가 서쪽의 반군을 토벌하기 위해 유목민을 보낸 뒤 결과를 초조하게 기다리고 있었다.

몇 년 동안 아랍의 두 부족과 양 떼는 들판을 싹쓸이하면서 순조롭게 나아갔는데 알모라비데가 중간에 끼어드는 바람에 상황이 복잡해졌다. 칼리프로선 기대와 절망이 교차하는 나날의 연속이었다. 그러던 어느 날.

엉뚱한 곳에서 희소식이 날아왔다. 1058년 시아파가 주축을 이룬 군대가 바그다드를 장악한 것이다! 압바스 왕조의 공식 칼리프는 자기의 모든 권리를 양도하는 문서에 서명한 뒤 왕실 문양에서 무함마드가 입었던 망토까지 챙겨서 카이로의 알 무스탄시르에게 보냈다. 파티마 왕조의 시아파는 벼락출세를 한 것처럼 보였다!

하지만 그것은 오산이었다.
더 기가 막힌 소식이 날아오는 중이었다.
다음 권을 기대하시라!

3 대륙을 누비는 사람들

드넓은 중앙아시아의 평원은 생활 방식이 저마다 다른 여러 민족의 터전이 되었다. 북부 삼림 지대에서는 들짐승과 물고기를 잡아먹고 사는 수렵민이 살았다. 넓지는 않지만 점점이 박힌 남부의 비옥한 땅에서는 농사를 지었고 낙타 대상이 들렀다 가는 무역 도시가 발전했다. 그 사이의 건조한 초원에서는 유목민이 소나 낙타 그리고 말을 키우면서 살았다.

초원을 떠돌아다니는 사람은 어떻게 살았을까?
오래된 전설에서 그 생활의 한 자락을 엿볼 수 있다.
말을 타고 사냥을 떠난 남자가 멀리까지 갔지만
짐승을 한 마리도 못 잡았다. 그는 저 멀리 들판에서
모닥불을 발견하고 다가간다.
어떤 사내가 사슴을 토막 내고 있었다.

말 탄 사내는 먹을 것을 '청하고'
사슴 주인은 허벅지를 잘라서 준다.

고기를 싣고 여행을 계속하다가
노인과 소년을 우연히 마주친다.

노인은 배가 고프다고 하소연한다.

사냥꾼은 사슴 고기와 소년을 바꾸자고 제안한다. 노인은 선선히 응한다.

말을 탄 사내는 머슴을 데리고 아내 알란 고아와 세 아들이 기다리는 집에 도착한다.

세월은 흘러 사냥꾼은 죽는다.
머슴은 이제 청년이 되었다.

그런데 어찌된 영문인지 천막 안에는 사내아이가 둘 더 생겼다. 삼형제는 이해할 수가 없다! 도대체 어디서 굴러들어온 녀석들인가!

동생들 보기가 민망하다구요!

삼형제는 두 아이의 아버지가 누구냐고 따졌다.

엄마는 믿거나 말거나 자초지종을 들려주었다.

밤중에 말이야, 천장의 연기 구멍으로 달빛이 들어오더니, 늑대의 혼으로 변해서 내 이불 속으로 기어들어오지 않겠니!

알란 고아는 다섯 형제가 다섯 손가락처럼 한마음 한뜻이 되어 살아가야 한다며 쐐기를 박았다!

전설에 따르면 몽골 민족은 이 오형제에서 시작되었고, 막내의 후손이 몇 세기 뒤 세계를 정복한 칭기즈 칸이다.

아줌마, 뭐라고 둘러댔어요?

달빛이 어쩌고저쩌고…

유목민의 삶은 고달프고 험난했다. 물이 귀해서 목욕은 엄두도 못 냈고 야채가 없어 고기만 먹고 살았다. 사방이 트인 벌판이라 적이 나타나도 도망갈 데가 없었다.

유목민 여자는 독립심이 강했고 권위가 있었다. 여기에서도 몽골인을 알란 고아라는 여인의 후손으로 보는 전설을 소개하지 않았는가. 몽골인의 조상이 되는 남자가 누구인지는 아무도 모르고 알려고도 하지 않는다!

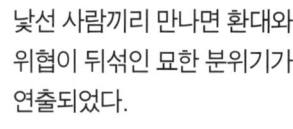

낯선 사람끼리 만나면 환대와 위협이 뒤섞인 묘한 분위기가 연출되었다.

아시아 유목민 사회에서는 여자는 결혼을 하면 시가에 가서 살았다. 신부는 남편을 따라 허허벌판을 가로지르는 기나긴 여행에 나서야 했다.

욕정을 주체하지 못하는 노총각이 친구들과 함께 신혼부부를 공격하여 신랑을 쫓아버리고 신부를 차지하는 일이 종종 벌어졌다.

봉변을 당한 여자는 악을 쓰고 울부짖었지만 무한정 그럴 수는 없었다.

신부 집에서도 새 사위를 인정해주었다!

칭기즈 칸의 부모도 실은 그렇게 부부가 되었다.

땅덩어리가 크니 별의별 종교가 다 있었을 거라고 생각할지 모르겠다. 하지만 초원의 유목민에게는 공통점이 있었다. 어느 부족을 가도 거기에는 무당이 있었다. 무당은 혼령과 의사소통을 할 수 있는 사람이었다. 몽골의 무당은 이 세상에서 가장 큰 것, 다시 말해서 하늘을 숭배했다.

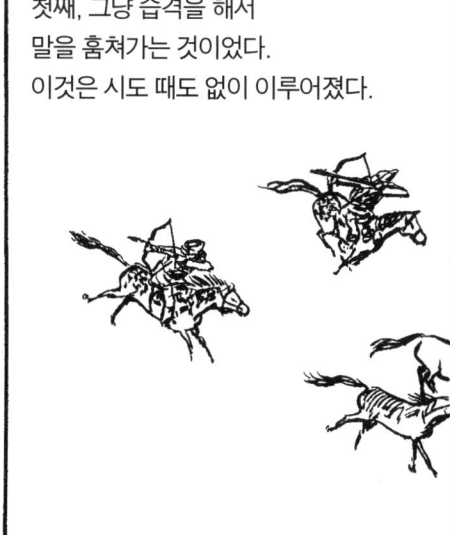

초민족 세계인, 말 달리다

말은 원래 마음껏 내달렸다. 말을 따라잡을 수 있는 사람은 없었다. 그런데 기원전 2000년경 쿠르간 부근 어딘가에서 영리한 보행자 몇 사람이 말들을 울타리로 몰아넣은 다음 올라타기 시작했다.

말타기에 능한 기마족은 무적이었다. 그들은 인도로, 이란으로, 유럽으로 거침없이 내달렸다. 스키타이(사카, 샤카)족은 서부 평원에 둥지를 틀었고 월지족, 대하(토카라)족, 오손족은 중국 변경으로 진출했다. 이들은 모두 현대 프랑스어, 영어, 그리스어, 힌디어, 페르시아어의 먼 조상뻘이 되는 인도유럽어를 썼다.

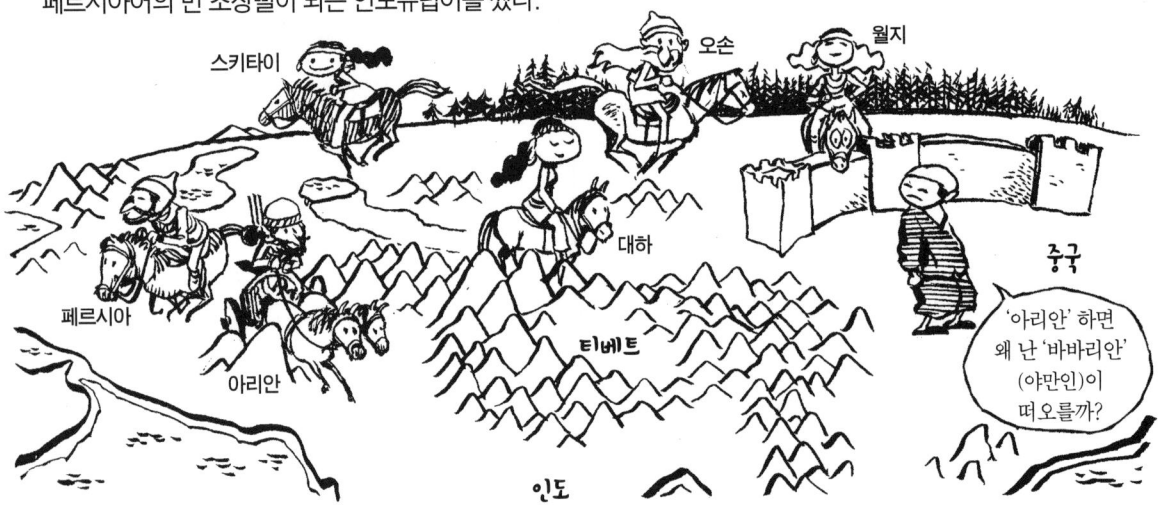

기원전 수백년경 중국 북쪽에 살던 투르크와 몽골 계열의 여러 부족도 말을 타기 시작했다. 그중에서도 훈족은 중앙아시아(기원전 50년), 러시아(서기 300년), 헝가리와 스페인(서기 450년)으로 쳐들어갔다.

훈족의 기세에 눌려 같은 인도유럽어족이었던 월지족은 멀리 아프가니스탄까지 밀려 내려갔다. 월지족의 한 일파는 더 밑으로 내려가 인도를 정복하고 불교를 열심히 믿었다.

이들은 두 세기(서기 50~250년) 동안 쿠샨 왕조를 유지하면서 중부 인도에서 북부의 옥수스 강까지 지배했다. 덕분에 불교는 중앙아시아와 멀리 중국까지 전파되었다.

이듬해 부민이 죽자 아들과 동생이 왕국을 갈라 먹었다. 그래서 돌궐은 처음부터 두 왕국으로 역사에 등장했다.

서돌궐은 페체네그, 불가리아, 하자르 부족으로 갈라져 나가면서 서쪽으로 계속 밀고 나갔다.

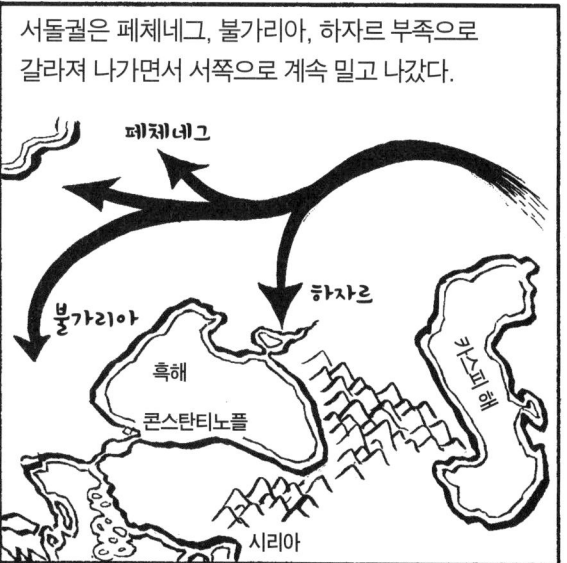

702년에는 하자르 공주가 비잔틴 제국 황제 유스티니아누스 2세에게 시집을 가기도 했다. 이 황제는 코가 이상하게 생겼는데 그 사연은 나중에 소개하겠다!

한편 동쪽에서는 중국이 애당초 입김을 불어넣었던 돌궐에게 사정없이 휘둘리고 있었다.

돌궐은 유연을 박살냈지만 전멸시킨 것은 아니었다. 일부 유연 사람은 노예, 아내, 입양아로 돌궐의 일원이 되었다. 민족은 사라져도 개인은 살아남을 수가 있었다.

"어느 날 아침 눈을 떠보니 돌궐 사람이 됐지요 뭐요!"
"그래도 살아 있는 게 어디요."

초원의 유목 부족들은 정복, 입양, 혼인을 통해 피가 섞였다. 그래서 돌궐은 수많은 부족의 피가 흐르는 일종의 '초민족'이 되었다.

"우리만큼 세계화된 민족 있으면 어디 나와 보라 하세요."

그러다 보니 같은 돌궐족이라도 생김새는 전혀 딴판인 경우가 많았다!

"본관이 어디?"

다문화제국, 당

돌궐이 중국을 치는 것은 시간문제라고 누구나 점쳤지만, 552년 돌궐이 둘로 갈라지는 바람에 중국은 안도의 한숨을 내쉬었다.

동투르케스탄 곧 동돌궐과 서투르케스탄 곧 서돌궐은 서로 티격태격했고 중국은 둘을 이간질했다. 581년 결국 돌궐은 내전에 들어갔다.

한숨 돌린 중국 군벌들은 자기들끼리 싸움을 벌였다. 물고 물리는 싸움이 계속되다가 589년 양씨 성을 가진 장군이 중국을 통일하고 수 왕조를 세웠다. 수 왕조는 단명했지만 중국 통일이라는 위업을 남겼다.

⊕ 수가 통일 제국을 이루기 직전의 중국

통일을 달성한 수 황제는 전쟁으로 흉흉해진 민심을 달래기 위해 솔선수범 절약했으며, 귀족에게도 농민을 수탈하지 말라고 지시했다.

여기에 반발한 귀족들은 황제를 죽이고 아들을 그 자리에 앉혔다. 그가 바로 수 양제였다.

수 양제는 통이 크고 씀씀이가 헤퍼서 처음에는 귀족들하고 죽이 잘 맞았다.

수 양제는 귀족들의 군사력을 총동원하여 눈엣가시였던 고구려를 치기로 마음먹었다.

"버르장머리를 고쳐놔야지."

그러나 고구려는 굴하지 않고 수의 공격을 막아냈다.

"수는 우리가 훨씬 많은데?"

고구려의 완강한 저항을 뚫지 못한 중국 병사는 설상가상으로 매서운 추위와 굶주림과도 싸워야 했다.

"아, 중국집에서 뜨끈뜨끈한 짬뽕 국물에 고량주 한잔 마셨으면…"

한편 수는 중국에서 가장 큰 황허와 양쯔 강을 잇는 대운하도 건설했다. 이 공사에는 모두 500만 명의 인부가 동원되었고 그중 200만 명이 죽었다. 운하가 완성되자 황제는 용 모양으로 된 으리으리한 배를 타고 운하를 유람했다. 귀족들은 할 말을 잃었다.

"농민을 다 죽이면 우리더러 어떻게 쥐어짜라고!"

613년 수 양제는 고구려를 다시 침공하기로 결심하고 귀족들에게 군대 파견을 요청했다. 이 군대는 고구려를 치지 않고 황제에게 반기를 들었다.

"본때를 보이자!"

이세민의 집안은 아버지 쪽으로는 중국인이었지만 대대로 돌궐 여인이 시집을 많이 왔다. 이세민의 어머니도 돌궐 여인이었다. 그래서 이세민은 외가를 통해서 돌궐 군사를 대거 끌어들였다.

바그다드에 튀르키예 군인이 몰려드는 것은 이보다 두 세기 나중의 일임!

이세민은 일부 반란군을 벌판에 두고 돌궐 군대는 산에 남겨두었다. 그는 역사를 알았다!

한 왕조가 써먹은 수법이지요!

618년 본격적으로 반란을 일으킨 스물한 살의 청년으로 자란 이세민은 5년 만에 중국의 남과 북을 석권했다.

아버지, 장하지요?

이렇게 당 왕조가 시작된 것은 이세민의 지략과 용맹 덕분이었다. 아버지는 아들 덕분에 황제가 되었고 형제들은 시샘하기 시작했다!

동생한테 이런 수모를 받고 살아야 합니까, 형님?

바보 머저리라도 형님 대접은 받아야지, 암!

형들은 이세민을 죽이려고 군대를 일으켰다가 큰코다쳤다. 이세민은 두 형은 물론 가족까지 몰살시켰다.

그래도 정이 있는데…

미운 정도 있다우.

자식들 싸움에 실망한 아버지는 물러나고 이세민이 황제로 올라섰다. 그가 바로 중국에서 가장 위대한 황제로 추앙받는 태종이다.

다 너의 공이니 받거라. 그리고 이 사람들 목은 부디 치지 말거라.

성은이 망극합니다!

여기서 잠깐, 중국 사회를 통치한 집단을 알아보는 것도,

어흠!

나쁘지 않을 성싶다!

투르크의 피를 물려받은 당 태종은 50만 명의 투르크인을 중국으로 끌어들여 관직에 앉히고 군인으로 활용했다. 투르크 군대는 동돌궐과 서돌궐을 잇달아 격파하여 중국이 중앙아시아를 장악하는 데 큰 공을 세웠다.

야! 같은 민족끼리 이러기냐!

우린 세계인이라고!

황허

당

양쯔 강

당은 다문화 제국이었다. 튀르키예인과 이슬람교도는 물론 신라인, 인도인, 페르시아인, 아랍인, 유대인이 공동체를 이루고 살았다. 배와 낙타를 통해 물자와 사상이 교류되었다.

배가 뭔데?

바다의 낙타!

⚜ 용이 그려진 곤룡포를 입은 당당한 모습의 당 태종.

중앙아시아 유목민의 문화가 밀려들어 심지어는 중국 여성까지 말을 타고 폴로 시합을 즐겼다.

태종은 대지주로 구성된 귀족의 힘을 약화시키려고
노력했다. 귀족과 권력을 나누어 가질 생각이
눈곱만큼도 없었다. 태종은 간섭받기를 싫어했다.

교활한 군벌의 아들이 아니라 실력 있고
충성심 강한 인재를 관리로 임용하기 위해
태종은 국가고시를 부활시켰다. 공직자가 되려면
누구나 볼 수 있는 시험에서 우수한 성적을 얻어야 했다.

태종은 토지 개혁도 단행했다. 말 안 듣는 대지주의 땅을
몰수하여 직접 농사를 짓는 농민에게 나누어주었다.
요즘 정치인들은 토지 개혁은 '헛수고'라는 말을 흔히 한다.
땅을 나누어주어도 세월이 흐르면 다시 대지주가
나타날 텐데 왜 사서 고생을 하느냐는 것이다.*
여기서 중국 농민의 증언을 들어보자.

피에 굶주린 군벌을 거의 제압하여,
평화가 찾아들고…
군대는 외적을 막기 위해 변방으로 보내고…

* 이런 정치인이 땅 부자의 꼭두각시일지도 모른다는 생각을 꿈에도
해본 적이 없는 사람은 너무나 착하게 사는 사람이다.

태종의 정책은 장수한 두 후계자에게 그대로 계승되었다. 측천무후는 중국 역사에서 유일하게 공식적으로 인정받는 여황제다.(670~683년은 남편과 함께 다스렸고 690~705년은 단독으로 통치했다)

그다음에 등극한 황제가 현종(재위 712~756)이다. 마시고 놀기를 좋아했지만 선정을 베풀어서 중국은 번영을 구가했다.

우리도 있소이다!

그렇다. 사명감에 불탔던 수많은 관리들의 공도 있다. 그들은 어사, 감찰관, 운하 관리인, 우편배달원, 판관, 세금징수원으로 법을 공정하게 집행하느라 애를 썼다!

중국 역사가들은 태종이 통치하던 8세기 초반을 '정관(貞觀)의 치(治)'라고 부르는데(태종의 연호가 정관이었다) 이때가 당의 국력이 가장 컸다.

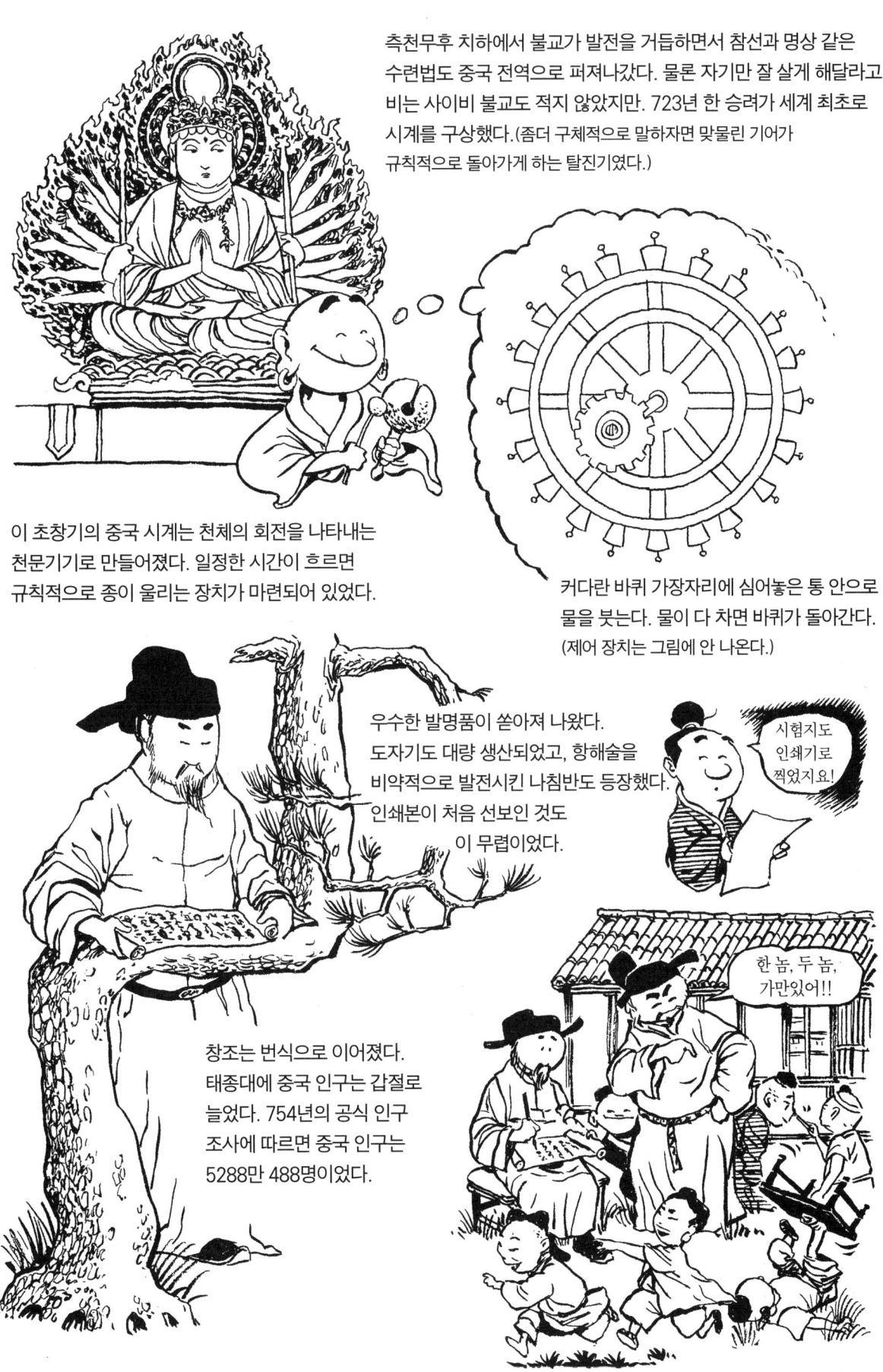

나라가 너무 순탄하게 굴러가자 현종은 국사를 돌보지 않고 시인, 배우, 그리고 황제에게만 고개를 숙이는 몇 마리 코끼리와 밤낮없이 흥청망청 놀았다. 그 옆에는 황제가 총애하는 양귀비(귀한 왕비 양씨라는 뜻)가 늘 있었다.

양귀비에게도 아끼는 사내가 있었으니 중앙아시아인의 피를 이어받은 장군 안녹산이었다.

중앙아시아로 말할 것 같으면, 750년에 무척 시끄러웠는데, 중국인 태수가 멀리 타슈켄트에서 튀르키예인 몇 사람을 처형한 것이 화근이었다. 튀르키예인은 앙갚음하기 위해 페르시아의 이슬람교도에게 도움을 청했다.

좋아! 이참에 확실하게 이슬람교도로 만들어봄세!

751년 중국군은 탈라스 강에서 아랍·페르시아·튀르키예 연합군과 맞닥뜨렸다.

단 하루 만에 중국은 중앙아시아를 잃었다!(무슬림은 종이 만드는 비법을 손에 넣었다)

하지만 황제는 느긋했다. 그깟 땅은 마음만 먹으면 언제든 되찾을 수 있다는 자신감이었다. 그야말로 천하태평이었다.

보다 못한 안녹산이 자기 손으로 제국을 지키겠다고 나섰다. 그는 수도를 공격했고 황족은 줄행랑을 쳤다.

웬 호들갑이야...

755년 수도를 장악한 안녹산은 궁으로 쳐들어가 코끼리 무용단에게 절을 하라고 시켰지만 코끼리들은 말을 듣지 않았다.

안녹산이 코끼리한테 화풀이를 하는 동안 황제의 아들은 지방에서 지지 세력을 규합했다. 얼마 전에 몽골을 정복한 투르크계의 위구르족이 부탁을 들어주었다.

위구르 군대는 안녹산을 토벌하고 현종의 아들을 중국의 새로운 황제로 옹립했다.

양귀비는 반군과 결탁했다는 죄목으로 목이 잘렸고, 이 주제로 수많은 시와 연극이 쓰였다.

당은 왕조를 유지하는 데는 성공했지만 국운은 기울기 시작했다.

풍류를 즐기던 현종 재위기에 무수한 시가 지어졌다. 특히 술을 워낙 좋아했던 시인 이백은 취흥에 못 이겨 수많은 시를 지었다.

맑은 술을 일러 '군자'라 하고 진한 술을 일러 '성현'이라 하네. 내 군자와 성현을 벌컥벌컥 들이켰으니 뭐 하러 경전을 공부한단 말인가? 세 잔째에 도를 깨우치고 원 없이 마시면 자연과 나는 하나가 되네…

이백은 762년 어느 날 술에 잔뜩 절어 호수에 비친 달을 껴안으려다 물에 빠져 죽었다는 설이 있다.

하지만 그것은 어디까지나 설이고, 안녹산의 난이 터진 뒤 이백이 죽었다는 사실이 조금 석연치 않다. 페르시아어도 잘했던 이백이 안녹산 세력과 가깝게 지내다 모함 당했을 가능성도 있다. 혹시 떠밀려서 죽은 건 아닐까?

권력 판도가 하루아침에 바뀌었다. 전에는 중국인이 투르크인을 요리했지만 이제는 위구르인이 중국인을 요리했다.

중국 군대는 예로부터 중앙아시아에서 말을 공급받았는데, 중앙아시아를 잃었으니, 말을 많이 키우는 위구르가 생색을 내기 시작했다.

위구르의 왕 곧 카간*은 해마다 말을 대거 보내고 그 대신 비단을 잔뜩 받아갔다. 그러나 중국 경제가 휘청거리면서 부담이 커졌다. 어느 해인가는 중국에 필요한 말이 겨우 6000마리였는데 위구르는 5만 마리를 보냈다.

* 카간=왕, 칸=왕 중의 왕

하지만 위구르는 중국을 침략하지 않고, 농경문화를 받아들이고 문자를 발명하고 '근대적' 종교, 곧 페르시아에서 생겨난 마니교로 개종했다.(1부 11쪽 참조)

위구르는 840년 문명 수준이 뒤떨어지는 같은 투르크계의 키르기즈에게 정복당했지만, 위구르인은 중국 서쪽에서 계속 살았다. 훗날 위구르인은 몽골을 비롯한 아시아 여러 지역에 교사와 학자로 많이 진출했다.

천황 혈통 차지하기

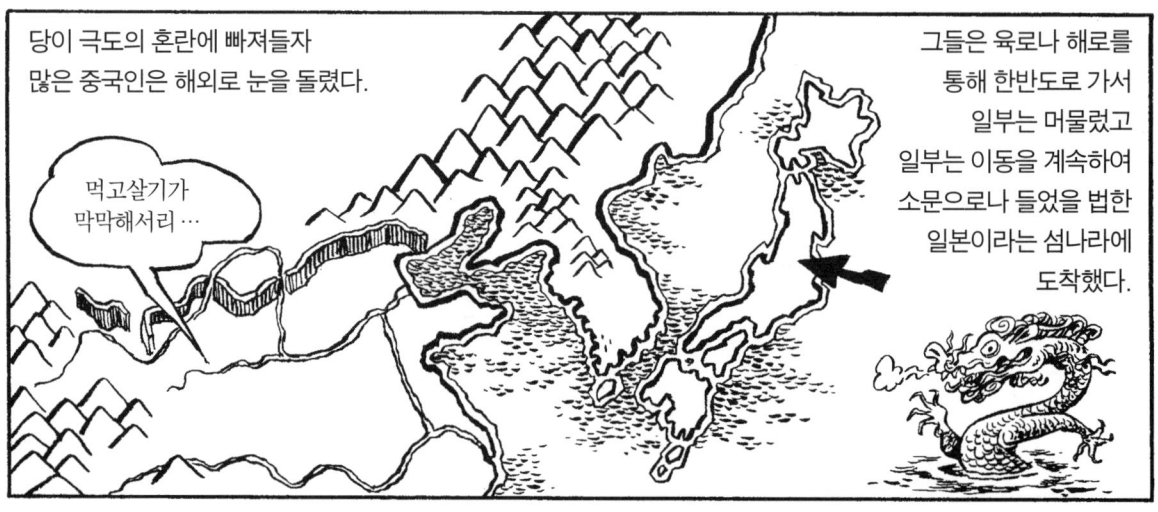

당이 극도의 혼란에 빠져들자 많은 중국인은 해외로 눈을 돌렸다.

"먹고살기가 막막해서리…"

그들은 육로나 해로를 통해 한반도로 가서 일부는 머물렀고 일부는 이동을 계속하여 소문으로나 들었을 법한 일본이라는 섬나라에 도착했다.

누가 어떻게 바다를 건너 일본에 처음 당도했는지는 아무도 모르지만, 기원전 4500년경 아이누라는 수렵민이 이 섬을 독차지하고 있었다.

"이때만 해도 살기 좋았죠!"

기원전 500년경 낙원을 찾아 한반도에서 종교 집단이 건너왔다. 신도들은 지도자를 살아 있는 신으로 떠받들었다.

"이쪽으로 가는 게 맞나요?" "속고만 살았냐?"

아이누족 입술 문신

도래인은 비옥한 땅을 일구어 농사를 지었다. 인구가 늘어나자 수세기 동안 아이누를 밀어붙여 북쪽으로 쫓아냈다.

"제국주의 타도하자!"

지도자 자리는 아들이 물려받았다. 이렇게 해서 2500년 동안 한 번도 끊이지 않고 한 집안이 일본을 다스렸다. 일본인은 황제를 신처럼 숭배했다.

"천황 폐하는 태양의 자손이거든!" "그래서 생사람을 태워 죽이는 거구먼!"

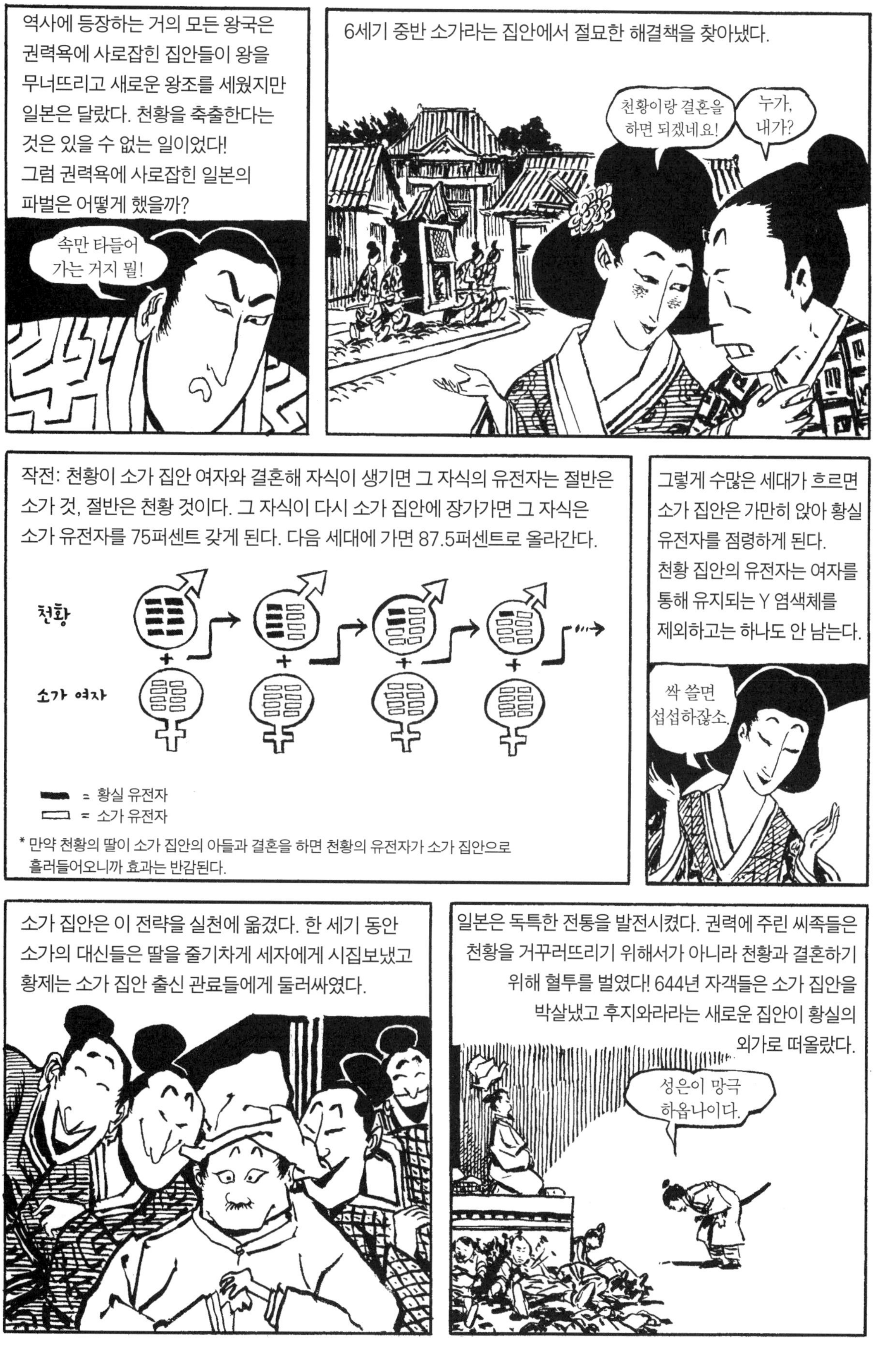
역사에 등장하는 거의 모든 왕국은 권력욕에 사로잡힌 집안들이 왕을 무너뜨리고 새로운 왕조를 세웠지만 일본은 달랐다. 천황을 축출한다는 것은 있을 수 없는 일이었다! 그럼 권력욕에 사로잡힌 일본의 파벌은 어떻게 했을까?
속만 타들어 가는 거지 뭘!
6세기 중반 소가라는 집안에서 절묘한 해결책을 찾아냈다.
천황이랑 결혼을 하면 되겠네요!
누가, 내가?
작전: 천황이 소가 집안 여자와 결혼해 자식이 생기면 그 자식의 유전자는 절반은 소가 것, 절반은 천황 것이다. 그 자식이 다시 소가 집안에 장가가면 그 자식은 소가 유전자를 75퍼센트 갖게 된다. 다음 세대에 가면 87.5퍼센트로 올라간다.
천황
소가 여자
= 황실 유전자
= 소가 유전자
* 만약 천황의 딸이 소가 집안의 아들과 결혼을 하면 천황의 유전자가 소가 집안으로 흘러들어오니까 효과는 반감된다.
그렇게 수많은 세대가 흐르면 소가 집안은 가만히 앉아 황실 유전자를 점령하게 된다. 천황 집안의 유전자는 여자를 통해 유지되는 Y 염색체를 제외하고는 하나도 안 남는다.
싹 쓸면 섭섭하잖소.
소가 집안은 이 전략을 실천에 옮겼다. 한 세기 동안 소가의 대신들은 딸을 줄기차게 세자에게 시집보냈고 황제는 소가 집안 출신 관료들에게 둘러싸였다.
일본은 독특한 전통을 발전시켰다. 권력에 주린 씨족들은 천황을 거꾸러뜨리기 위해서가 아니라 천황과 결혼하기 위해 혈투를 벌였다! 644년 자객들은 소가 집안을 박살냈고 후지와라라는 새로운 집안이 황실의 외가로 떠올랐다.
성은이 망극 하옵나이다.

그러는 사이에도 중국인은 계속 일본으로 몰려들었다. 그들은 종교, 의식, 기술, 도시 설계, 배수 시설, 관개 시설, 관료제, 예의범절에 관한 온갖 지식을 가지고 왔다.

글도 잘 읽고 잘 쓰고!

대단한 사람들이야!

지극히 실용적이었던 후지와라 가문이 보기에 일본은 선택의 기로에 놓여 있었다.

앞으로 몇백 년이 걸리는 한이 있더라도 우리식 제도를 만들고 우리식 문명을 건설해 나가느냐?

아니면 중국 문명을 통째로 베끼느냐?

문제를 제기한다는 것은 곧 답을 안다는 뜻이다.

후지와라 집안은 중국 문명을 송두리째 받아들였다. 대토지를 몰수하여 당나라처럼 농민에게 나누어주고 불교 이념을 적극 주입해 귀족 세력을 무력화하고 중국의 멋진 관직명과 예의범절을 본받으려고 애썼다.

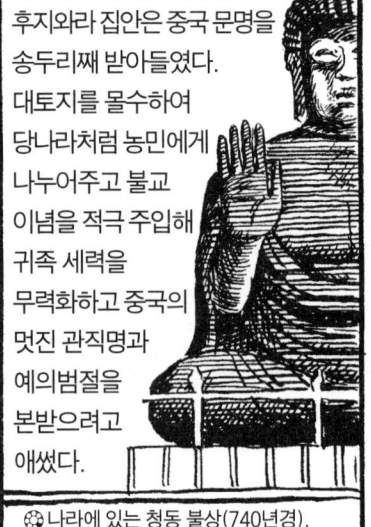
나라에 있는 청동 불상(740년경). 좌상인데도 높이가 17미터나 된다.

심지어는 일본어와는 전혀 안 어울리는 중국 문자로 글을 썼다.

새로 글자를 만드느냐?

이걸 고쳐서 쓰느냐?

새로운 문명을 건설하기 위해 후지와라 가문은 아예 중국식으로 새로운 수도를 요란하게 짓기로 마음먹었다. 들어가서 살 사람을 알아보기 전에 먼저 집부터 짓고 보았다.

빈집이면 어때!

그렇게 해서 790년대에 교토라는 새 수도가 들어섰다. 하지만 교토의 서쪽 부분은 처음부터 빈민촌이었다.

으잉!

그렇지만 동쪽 부분은 문화가 꽃을 피웠다. 간단해진 새로운 표기 방법으로 시와 산문이 쏟아져 나왔고 사람들은 무예보다는 예법을 연마하는 데 심혈을 기울였다. (무기를 소유하는 것은 불법이었다.) 교토의 치안을 떠맡은 관리의 나이가 열여섯 살 소년인 적도 있었다!

900년대 말엽으로 오면 사람들은 한 시대가 저물어가고 있음을 느꼈다. 그런 비관주의는 990년대 무라사키 시키부라는 여인이 쓴 『겐지 이야기』에 잘 나타나 있다. 섬세하고 우울한 겐지 황태자를 중심으로 궁정 생활을 꼼꼼하게 묘사한 소설이다.

작가 선생, 좀 씩씩하게 그려주면 어디 덧나오?

하지만 고민만 할 필요는 없었다. 잔치가 있고, 시가 있고, 음악이 있었다! 형형색색의 화려한 옷소매가 있었다! 변경에서 세력을 키우는 사무라이 집단의 존재쯤은 세련된 궁정 사람들의 안중에도 없었다.

당송변혁

송은 예산의 절반을 군사비에 쏟아 부어 폭약을 개발한 뒤 투석기를 이용하여 폭탄을 투하했다.

소를 이용한 자살 폭탄 전술도 있었다. 폭약을 잔뜩 실은 소의 엉덩이를 호되게 갈겨서 적진으로 돌진시켰다.

세계 최초로 대포도 만들었다. 대나무 통에 화약을 채운 다음 도자기 파편을 넣어 불을 댕기면 파편이 사방으로 날아가 박혔다.

우리 이제 망했다.

1200년대 초 중국 기술자는 마침내 커다란 공이 쏙 들어가는 관을 쇠로 만드는 데 성공했다.

중국 이야기는 여기서 잠시 건너뛰기로 하자.

주먹이 앞서는 시대에 사는 여자는 고달팠다. 중국의 어머니는 남자의 눈요기를 위해 딸의 발을 꽁꽁 동여매기 시작했다. 전족 관습은 당나라 때 한 노예 주인이 무희들의 발을 꽁꽁 묶고 그 앙증맞은 모습에 반하면서 시작되었다.

귀여워라…

송나라 때는 전족이 귀족 사회를 휩쓸었다. 딸이 있는 집에서는 발을 조금이라도 작게 만들려고 어릴 때부터 끈으로 칭칭 동여매 마침내 뼈가 휘고 으스러질 지경에 이르렀다.

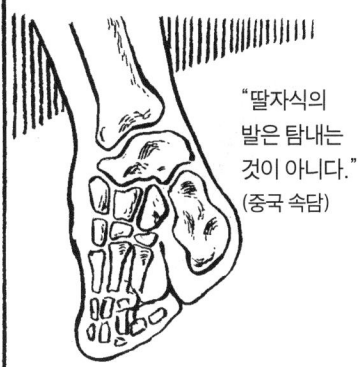

"딸자식의 발은 탐내는 것이 아니다."
(중국 속담)

시인은 앙증맞은 발을 칭송하기 바빴다. 남자들은 발을 동여맸던 끈에 배어든 냄새에도 환장을 했다. 얼마 뒤엔 서민들 사이에서도 유행했다. 20세기 초 법으로 금지될 때까지 무려 900년 동안 중국 인구의 절반이 전족 때문에 비틀거렸다.

고린내가 그리도 좋을꼬?

튀르키예와 서양

당 초기에 서돌궐은 중국과 가깝게 지냈지만 중국 문명에 동화되지는 않았다. 한 돌궐 왕은 바위에 이런 글을 새겨놓았다.

"금·은·비단은 달콤하지만 기운을 앗아간다. 이런 미끼를 앞세워 중국인은 튀르키예 민족을 끌어당긴다. 그런 꾐에 넘어가 수많은 동족이 죽었노라, 오 튀르키예여! 어두운 숲을 등지고 많은 사람이 '들판에서 정착을 하겠다'면서 남쪽으로 떠났다. 허나 숲에 머물러 있으면 사치는 못 누려도 근심 걱정이 없으니 영원토록 제국을 유지할 수 있노라, 오 튀르키예여!"

그래서 많은 튀르키예인이 전통을 지키면서 말을 몰고 거침없이 대지를 누비고 다니며 용맹한 기상을 떨쳤죠.

751년 그들은 무슬림과 손을 잡고 중앙아시아에서 중국인을 몰아냈어요.

아랍인이 바그다드에 새 수도를 짓고 압바스 왕조를 세우면서 튀르키예와 아랍의 밀월 관계는 한동안 계속되었죠.

남자들끼리 죽이 맞으면 여자들만 죽어나는 거라고요!

1부(52쪽)에서 칼리프 하룬 알 라시드가 튀르키예 노예를 궁정과 후궁에 많이 끌어들였다고 했죠?

그런 노예가 낳은 아들이 836년 칼리프가 되어 4000명의 튀르키예인을 왕실 근위대로 바그다드에 불러들였어요.

튀르키예 근위대는 10년 동안 (860~869년) 5명의 칼리프를 암살했다죠.

그리고 2부(90쪽)에서는 외국인 용병에 놀아나던 바그다드가 잔지의 반란(869~883년)을 14년 동안이나 진압하지 못했다는 걸 살펴봤죠.

혼란의 와중에서 칼리프는 이집트와 북아프리카를 잃었어요.

튀르키예는 바그다드가 맥을 못 추는 것을 보면서 더욱 기가 살았고요!

유목 생활을 하던 튀르키예계의 투르크만 여러 부족이 가축을 몰고 시르다리야 강과 아무다리야 강을 건너 이슬람을 믿던 이란으로 몰려가기 시작했다.

얼마 안 가서 이란의 군벌도 튀르키예 경호원을 쓰기 시작했다!

자네 뭘 믿고 그러는가?

그러는 자네는?

많은 튀르키예인이 이슬람으로 개종했지만 술을 끊는 데는 어려움을 겪었다.

형님, 혹시 이거 믿었다가 너무 평화를 사랑하게 되는 거 아니우?

걱정 마, 그건 불교지.

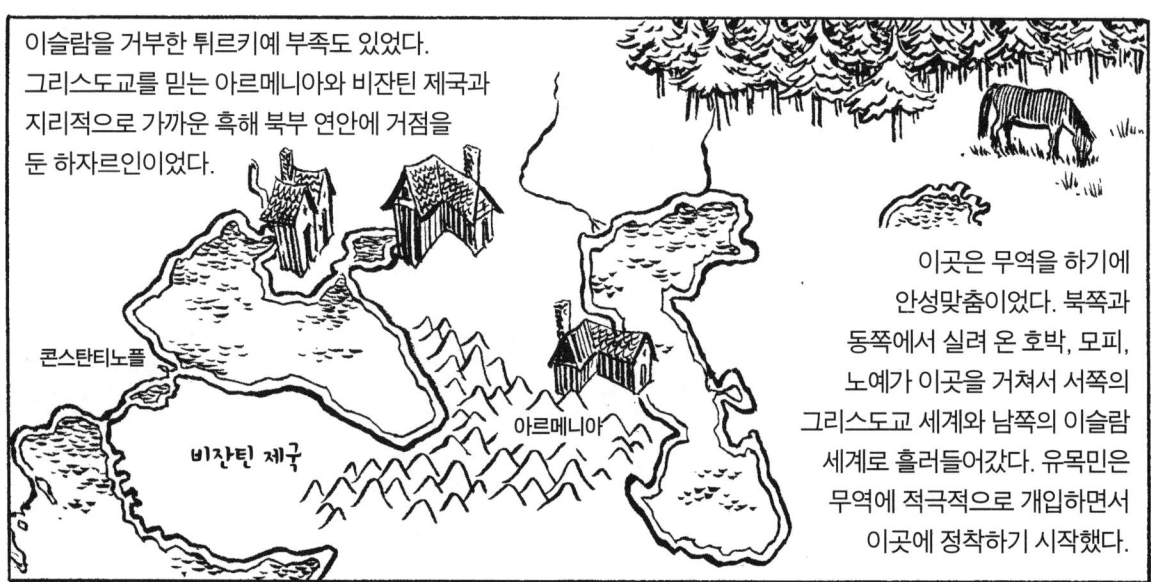

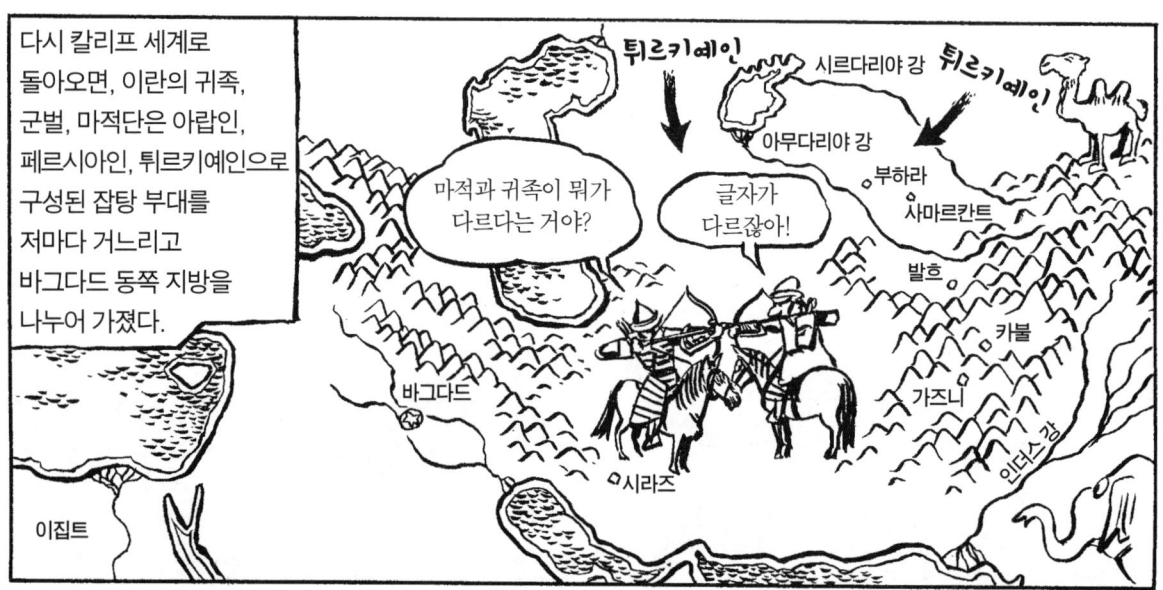

다시 칼리프 세계로 돌아오면, 이란의 귀족, 군벌, 마적단은 아랍인, 페르시아인, 튀르키예인으로 구성된 잡탕 부대를 저마다 거느리고 바그다드 동쪽 지방을 나누어 가졌다.

945년 페르시아 군주가 마침내 튀르키예 근위대를 바그다드 밖으로 몰아냈지만 튀르키예 근위대는 이미 3명의 칼리프를 장님으로 만들어 길거리에서 구걸로 연명하게 만들었다.

페르시아인도 여기에 뒤질세라 칼리프를 장님으로 만들고 만만한 사람을 새로운 칼리프로 앉혔다.

그러나 어수선한 상황 속에서도 문화는 융성하여 사방으로 퍼져나갔다. 도시를 하나씩 꿰어 찬 군벌들은 모스크, 궁전, 묘지, 병원, 도서관, 천문대를 경쟁적으로 지었다. 시라즈, 부하라, 사마르칸트는 흥청거렸고 페르시아어는 문학어로서 다시 부활했다.

알 비루니(지리학자), 이븐 시나 혹은 아비세나(철학자), 페르도우시(시인) 같은 사람이 950~1050년에 활동했다.

950년경 살구, 양탄자, 학문으로 명성이 자자했던 부하라의 이란 군주는 가장 신임이 두터웠던 튀르키예인 출신의 장군 알프티긴과 사이가 틀어졌다.

알프티긴이 부하들을 이끌고 부하라를 떠나자 북방에서 튀르키예인이 밀고 내려왔다.

알프티긴과 그 일행은 남쪽으로 진로를 잡고 아무다리야 강을 건너고 산맥을 넘었다.

이때부터 그의 집안이 아프가니스탄을 지배하기 시작했다!

알프티긴의 후손 중에서 가장 공격적으로 영토 확장에 나섰던 인물이 999년 가즈나 왕조를 세운 마흐무드였다. 그는 척박한 땅에 만족하지 못하고 정복 전쟁을 통해 재물을 모으고 세금을 거둘 수 있는 땅을 넓혔다.

그렇게 마흐무드는 험준한 산맥을 넘고 또 넘어 드디어 광활한 인도 평야에 당도했다. 인도는 그의 욕심과 광신을 더욱 부채질했다.

143

인도 300~1000년

지난번 보았을 때 인도는 불교를 믿는 외국 왕의 지배를 받고 있었다.(117쪽) 외세의 힘이 약해지자 힌두 왕들이 들고 일어나 영토를 되찾더니… 이번에는 자기들끼리 싸우다가… 300년경 찬드라굽타가 인도를 평정했다.

코끼리 등에만 올라타면 하느님도 부럽지 않아요.

그는 알렉산드로스 대왕 이후 인도에 눌러앉은 그리스인, 월지족, 사카족 같은 중앙아시아 '잔재'를 인도에서 청산하기로 마음먹었다.

보자보자 하니까 이것들이 우리 인도아리아인을 아주 우습게 봐요! 댁은 누구요?

만화간데요?

이 인종 말살 정책은 실패로 돌아갔어야 마땅했지만, 오히려 굽타 왕조는 과학, 기술, 예술, 철학, 시, 연극이 꽃을 피운 인도 문명의 고전시대를 열었지요.

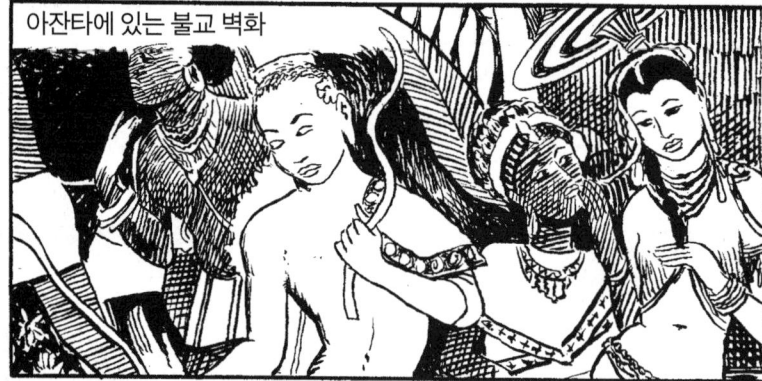

아잔타에 있는 불교 벽화

0이 들어간 10진법 숫자의 표기법

빛 같은 염료와 화학 물질의 개발

색깔 죽인다!

이쁘당!

🔸 델리에 있는 야외 쇠기둥은 1600년이나 됐는데도 녹 하나 슬지 않았다.

칼리다사의 연극 샤쿤탈라

은자여, 아무리 머리를 쥐어짜도 당최 그대의 딸과 결혼한 기억이 없다네!

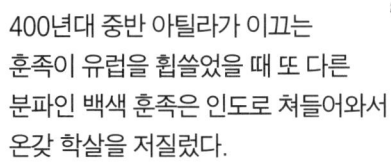

400년대 중반 아틸라가 이끄는 훈족이 유럽을 휩쓸었을 때 또 다른 분파인 백색 훈족은 인도로 쳐들어와서 온갖 학살을 저질렀다.

"명심하라고, 이건 잔인한 게 아니라 그냥 생활 방식의 차이라는 걸!"

"할 말 없구먼."

한 훈족 지도자는 절벽에서 떨어지는 코끼리를 감상하는 게 취미였다.

"가슴이 찡하잖아!"

훈족의 무차별 학살에 굽타 왕조는 기우뚱했고 550년에는 무너지고 말았다.

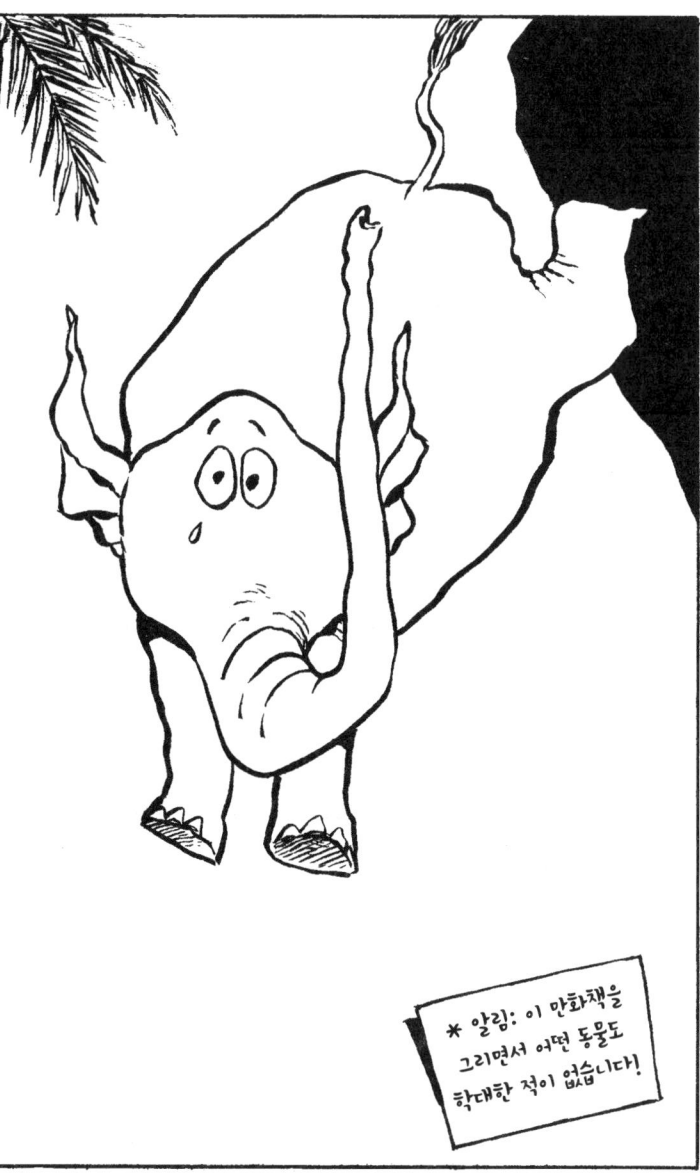

* 알림: 이 만화책을 그리면서 어떤 동물도 학대한 적이 없습니다!

이때쯤 튀르키예는 다시 중앙아시아를 제패하고 북쪽에 있던 백색 훈족을 몰아냈다.

남쪽에 있던 백색 훈족도 힌두 반란군에 무릎을 꿇어 훈족은 이때부터 역사에서 사라졌다.

"이제부턴 우리 코끼리도 두 다리 뻗고 자겠네!"

그리고 인도 군대는 자기들끼리 싸우기 시작했다.

"우리라도 싸우지 말자 야!"

그래도 남부 인도는 잘 나갔다. 좌우 뱃길을 이용해 인도 상선들은 전세계와 무역했다.  7세기 무렵 마하발리푸람에 세워진 바닷가 사원.	힌두 문화는 벌써 1세기 무렵에 동쪽으로 퍼져나갔다. 이건 특이한 현상이었다. 힌두교 사제인 브라만이 힌두교도는 바다를 건너거나 같은 카스트가 아닌 사람과 결혼을 하면 안 된다고 못 박았기 때문이다. 하지만… 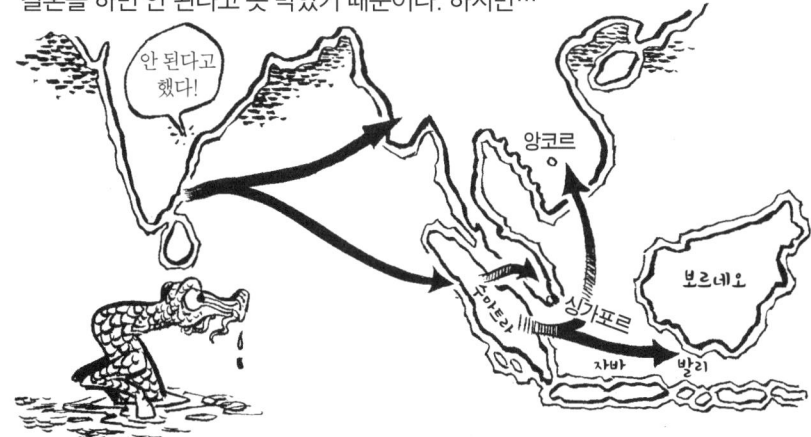

야심만만한 왕족과 브라만은 인도 동부 해안에서 배를 띄웠다.
— 스승님, 배 타고 나가면 안 되는 거 아닌가요?
— 보통 안 되지만 일확천금을 노릴 땐 괜찮습니다, 제자님.

그들은 수마트라나 자바, 말레이 반도에 상륙해서, 현지 사람들과 사귀었다.
— 우리가 다 살 테니 인삼과 후추를 왕창 길러줘요!
— 제 역식부터 거둬주시지요!

무역 기지를 만들고 향료 교역으로 재산을 모으고, 현지 여자와 결혼하여 힌두교를 전파하고, 군대를 만들었다.
— 스승님, 다른 여자하고 결혼하면 안 되는 거 아닌가요?
— 보통은 안 되지만 이판사판이면 괜찮습니다, 제자님.

갑자기 시바 사원이 산꼭대기에 들어서고 힌두교도를 믿는 왕은 주민들에게 큰소리를 쳤다.
— 인삼이고 후추고 이 형아가 다 사줄 테니 걱정 말고 심어들봐!

동남 아시아에 들어선 가장 웅장한 힌두교 왕국은 9세기에 만들어진 캄보디아의 앙코르였다. 하지만 이것 말고도 10여 개나 더 있었다.
— 시바인지 신발인지 듣도 보도 못한 신들한테… 이제는 설설 기는 내 팔자야!
— 정말 시발 소리가 절로 나오네요.

지금도 지명에는 인도의 흔적이 남아 있다. 싱가포르는 싱-푸르, 곧 사자가 사는 마을이라는 뜻이고 캄보디아는 아프가니스탄에 있던 캄부자 골짜기에서 왔다.
— 스승님, 그런데요…
— 닥쳐!

한편 인도에서는 묘한 일이 벌어졌다. 불교가 시들해진 것이다.

인도에서 발생한 불교는 신분제와 인습에 도전하면서 많은 인도인의 공감을 샀지만 신분제와 인습에 뿌리를 둔 힌두교는 더욱 번성했고 불교는 기울어갔다. 왜 그랬을까?

쉿!

힌두교는 새로운 아이디어를 도입하는 데 뛰어났다. 우주를 지배하는 건 섹스라 주장하는 힌두교도가 나타났다!

자세한 얘기는 오늘 밤 기도회에서 해요.

밤중에 몰래 알음알음으로 만난 사람끼리 모임을 갖는 힌두교도들이 늘어났다.

어둠속에서는 신분도 인습도 없었다. 모든 계급이 나란히 모여앉아 주지육림을 즐겼다.

그리고 육욕을 불태웠다!

다음날 아침이면 다시 신분제로 돌아가 서로의 그림자를 밟는 것도 피했다.

밤은 그림자가 없어서 좋더라고요!

하지만 달콤한 비밀은 지키기 어려운 법, 10세기에 접어들자 이런 사원들이 인도 곳곳에 들어섰다! 그러니 불교가 어떻게 버틸 수 있었겠나!

이건 너무 불공평해!

그래서 인도에서는 불교가 기울었고 힌두교 조각은 전성기를 맞이했다.

힌두교가 사실은 역사도 더 깊어요!

그러니 가즈나의 마흐무드는 처음 인도에 왔을 때 기절초풍했을 것이다!

너까지 왜 이러냐!

만지케르트 전투

튀르키예가 서쪽으로 진출하면서 역사는 일대 전기를 맞이합니다.

950년 이후 부하라를 지나던 튀르키예인 사이에서 일은 시작되었다. 오구즈 혹은 구즈라고 하는 부족의 우두머리였던 셀주크에게는 다비드, 이스라엘, 모세스라는 3형제가 있었다. (부인은 하자르 여인이었던 것으로 짐작된다.) 그 이상은 알려진 바가 별로 없다.

서기 1000년 무렵 셀주크의 세 아들은 가즈나 왕조의 마흐무드 밑에서 열렬한 이슬람교도로 활약했다.

1033년 마흐무드가 죽자 셀주크 집안은 이웃 부족을 공격한다.

1037년 셀주크 집안 깃발을 휘날리는 군대가 부쩍 늘어났다.

왜, 아니꼬워?

셀주크의 손자 토그릴 베그가 이끄는 튀르키예 군대는 1055년 바그다드를 무너뜨렸다. 그때까지 바그다드를 다스렸던 페르시아인들은 혼비백산하여 달아났다!

말들은 좋겠다, 달리기도 잘 하고…

바그다드에 들어간 셀주크 세력은 칼리프와 담판을 벌였다. 토그릴 베그는 튀르키예어를 썼기 때문에 통역이 필요했다. 그는 두 개의 단을 높이 쌓으라고 명령했다. 예언자의 옷을 입은 칼리프는 술탄이라는 새로운 칭호를 토그릴에게 안겨주었다. 술탄은 간단히 말해서 무지무지 높은 사람이라는 뜻이 되겠다.

발끝으로 서기 없소!

뭔 소린지 모르겠네!

우린 언제까지 남자들 들러리만 서야 하는 거니?

시아파였던 페르시아 '보호자들'과 달리 셀주크 집안 술탄은 칼리프를 대놓고 무시하지는 않았다.

진짜?

응, 욕은 안 했거든.

그런데 다른 데서 일어난 반란을 진압하기 위해 셀주크 군대가 철수하자, 시아파가 돌아와서 칼리프를 폐위하고 그의 모자와 칼리프 복장을 역시 시아파였던 이집트 카이로의 칼리프에게 보내 겁을 주었다.

이때가 시아파가 제일 잘 나갔지요.

그러나 바그다드로 돌아온 토그릴은 시아파 장군을 죽이고 칼리프를 다시 앉혔다. 튀르키예의 술탄은 이슬람 세계의 심장부를 확실히 장악했다.

뭘 봐!

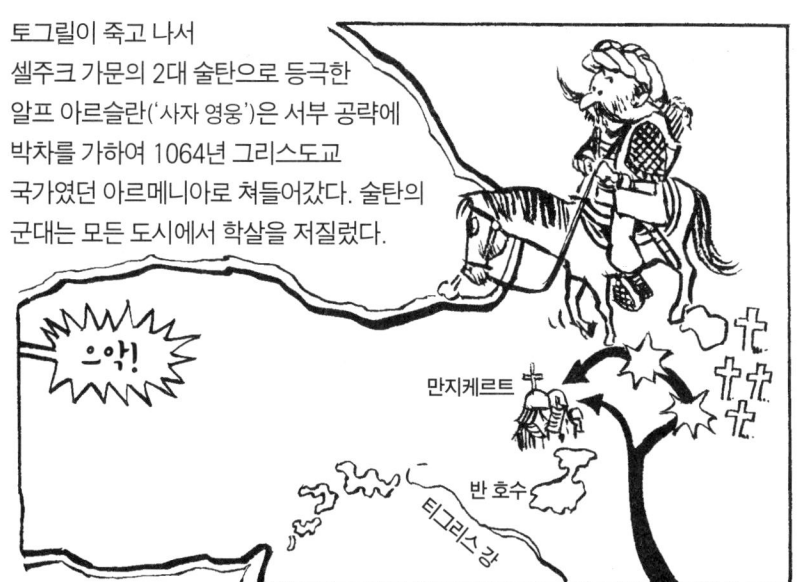

토그릴이 죽고 나서 셀주크 가문의 2대 술탄으로 등극한 알프 아르슬란('사자 영웅')은 서부 공략에 박차를 가하여 1064년 그리스도교 국가였던 아르메니아로 쳐들어갔다. 술탄의 군대는 모든 도시에서 학살을 저질렀다.

으악!

만지케르트
반 호수
티그리스 강

튀르키예는 아르메니아를 교두보 삼아 비잔틴 심장부 약탈을 시작했다. '로마' 황제는 속수무책이었다.

그래도 주먹은 불끈 쥐고 있잖아!

1067년 황제가 죽자 미망인은 기운이 센 장군과 결혼하여 그를 황제로 앉히기로 마음먹었다.

마마, 싸움 하면 저 아닙니까!
아니래요!
아니래요!

로마노스 디오게네스가 뽑히자 경쟁자들은 이를 박박 갈았다.

튀르키예 군인을 불러오시게!
네, 가 아니라 응!

로마노스 디오게네스는 등 뒤에서 언제 칼을 찌를지 모르는 적들로 가득 찬 비잔틴 제국에서 자기 군대를 만들어야 했다.

제가 찰거머리처럼 붙어 다니면서 폐하의 등을 지켜드릴게요!

1071년 봄 신임 황제는 노련한 직업 군인, 풋내기 신병, 황제를 증오하는 장군의 졸개들, 심지어 튀르키예 기마병까지 모두 끌어들여서 원정에 나섰다.

도대체 우린 누구 편이야?
이기는 편!

알프 아르슬란은 아르메니아의 만지케르트라는 곳에서 군대를 거느리고 기다리고 있었다.

8월 19일 아니면 8월 26일 금요일, '로마'군대는 미덥지 못한 사병은 꽁무니에 증원 부대로 달고 전투 대형으로 출발했다. '로마' 군대가 밀고 들어가니까 튀르키예 군대는 뒤로… 뒤로… 뒤로 물러나기만 했다. 그러던 어느 날 저녁 늦게 로마노스 디오게네스가 병사들에게 막사로 돌아가라는 명령을 내려 막 병사들이 돌아서는 순간 튀르키예 군대가 쳐들어왔다. '로마' 증원군은 속수무책이었고, '로마' 군대에 있던 일부 튀르키예 병사들은 내뺐다. 피비린내 나는 싸움 끝에 비잔틴 군대는 궤멸당했고 황제도 포로가 되었다.

로마노스는 적들에게 황제 자리를 빼앗겼다. 장군들의 사병은 황제의 군대를 공격했다.

이럴 줄 몰랐지?

그들이 황제를 생포해 눈알을 도려내어, 며칠 뒤 상처 후유증으로 죽었다.

으휴, 군인으로 먹고살려니 별짓 다 하게 되누먼.

걱정 마시게! 이래뵈도 왕년에 의사였거든!

얼마 뒤 알프 아르슬란도 막사에서 부하에게 살해되었다.

두 지도자가 죽었으니 합의는 물거품이 되었다.

콘스탄티노플은 로마의 전통이 살아 있는 도시였다.
황제의 권력은 막강했고, 원로원은 허풍만 셌지 약했으며, 그리스도교가 중심이었다.
미궁처럼 복잡한 법률이 있었고, 전차 경주가 있었으며, 도서관에 공중 욕장까지 있었다.
건물을 크게 짓기 좋아하는 로마인의 버릇도 여전했다.

6세기에 지어진 성 소피아 교회는 오랫동안 세계에서 가장 큰 교회로 명성을 누렸다.

댁들은 우리 교황 말도 안 듣지, 황제가 교회의 웃어른도 임명하지. 우리가 앉는데 당신들은 서지, 하여간 매사가 거꾸로요. 비슷한 점이 하나라도 있소?

음… 댁이나 우리나 사상의 자유를 인정하지 않잖소.

음… 좋은 점도 있었구먼.

이 '로마'와 원래 로마는 다른 점도 있었다.
우선 여기서는 누구나 그리스어를 썼다. 사제는 수염을 길렀고 결혼을 할 수 있었다.
수염을 말끔히 깎고 독신을 고수하는 로마 사제는 오히려 이 동네에서는 놀림감이었다.

그렇다. 비잔틴은 문명사회였다. 그래서 문명사회의 모범을 보이려고 발버둥 쳤다. 가령…

'로마인'은 황제의 얼굴은 티끌 하나 없이 멀끔해야 한다고 믿었다. 얼굴에 흠이 있는 사람은 황제로서 자격 미달이었다.

얘는? — 사팔뜨기라 안 되고.
얘는? — 두 눈이 얼굴 한쪽으로 쏠려 있어 안 되고.
얘는? — 이마에 솟고 발에 생긴 물집 때문에 안 되고.

그래서 황제를 몰아낸 반역 세력은 우선 황제의 얼굴에 흉터를 냈다. 그래야 나중에 복위하는 걸 막을 수 있었다. 죽이는 것보다는 한결 인간적이었다!

그것도 유스티니아누스 2세까지만 그랬다.

내가 뭘 어쨌기에?

귀족들은 이 황제에게 두려움과 악감정을 품고 있었다. 그는 귀족의 땅과 권력을 앗아갔고 (악감정) 툭하면 화풀이를 했고 (두려움과 악감정) 교황을 납치하려 했고 (두려움과 악감정과 무력감) 25만 명의 슬라브인 농부를 임자 없는 아시아 땅*으로 이주시켰고(잘한 일) 이들에게 무거운 세금을 매겼고 (악감정) 불평을 하면 죽여버렸다.(악감정과 두려움)

695년 귀족 한 무리가 황제를 붙잡아 코를 오징어다리처럼 찢어놓았다.

으악!
꽉 잡으라니까!
징그러라.

7세기 후반 아랍의 공격을 피하느라 주민들이 버리고 간 땅이었다. 비잔틴 과학자들은 아랍의 공격을 막아내기 위해 무기 개발에 박차를 가했다.

펑

674년 아랍이 쳐들어오자 그리스 군대는 비밀 무기를 선보였다. 불타는 액체를 호스로 뿜어댄 것이다. 그 불은 물과 닿아도 꺼지지 않았다!

비잔틴 군은 이 무기의 제조법을 극비에 붙였고 지금은 완전히 소실되었다.

인류의 뼈아픈 손실 아닐까요.

유스티니아누스는 흑해 너머 오지의 하자르라는 곳으로 유배되었다.

그는 흉한 코로 인한 마음의 상처를 딛고 그곳에서 친구를 사귀고 하자르 왕의 딸과 결혼하여 권토중래를 준비했다.

700년 유스티니아누스는 하자르인과 불가리아인 군대를 이끌고 콘스탄티노플로 입성하여 다시 황제가 되었다.

이때부터 비잔틴 제국에서는 얼굴에 흉터가 있어도 황제가 될 수 있었다! 유스티니아누스는 6년 뒤 암살당했다.

'로마인'은 과오를 깨닫고, 710년에 또 다시 황제를 몰아냈을 때는 눈알을 도려냈다.

이때부터 비잔틴 사람들은 툭 하면 눈알을 도려냈답니다. 비위가 약한 분들은 조심하세요. 우웩!

반면 서유럽에는 그나마 문명이라고 할 것도 없었다.

프랑크·고트·라틴·유대·아랍·베르베르 총정리!

서로마 제국을 초토화시킨 게르만족은 세 개 부족으로 갈라졌다. 프랑크, 반달, 고트였다. 스페인 안달루시아 지방에 이름을 남기고 반달족이 북아프리카로 진출하자 유럽은 프랑크족과 고트족이 나눠먹게 되었다.

나머지 지역은 모두 라틴어를 썼지만 서유럽의 새로운 맹주는 게르만어를 썼다. 나머지 지역은 로마 교황의 지시에 따랐지만 게르만 부족은 뿔뿔이 흩어진 교회에 속했다. 그리고 고유한 법과 관습을 지키며 살았다.

하지만 게르만족은 유럽의 몰락을 막지는 못했다. 도로는 잡초로 뒤덮였고… 사람들은 포장석을 훔쳤고 송수로는 부서지고 학교는 문을 닫고 병에 걸려도 치료를 못 받았고 공공 건물과 시장과 욕장은 허물어졌다. 밭은 버려졌고 숲이 늘어났으며, 사람들의 생활은 더욱 단순하고 불안해졌고 수명도 줄어들었다.

* 그게 뭐 이상해요?

유럽에서는 문명 하면 로마를 뜻했고 로마 하면 가톨릭을 뜻했다. 496년 클로비스라는 한 프랑크 족장이 가톨릭으로 개종해 세례를 받더니 교회를 등에 업고 갈리아 지방을 정복했다. 프랑크족도 덩달아 가톨릭으로 돌아섰고 이때부터 갈리아 지방은 프랑키아 또는 프랑스로 불렸다.
목욕 한번 잘 했네.

클로비스는 가톨릭 신자였지만 수틀리면 적을 도끼로 찍어 죽이는 성깔이었다.

그의 이름은 클로도비쿠스, 로도비코, 루드비히, 루이스 등 여러 가지로 적혀 있다.
아무렴 어때? 어차피 난 못 읽어!

클로비스의 아들들과 손자들은 서로 죽이기를 밥 먹듯 해서 결국 프랑스는 미망인들 손에 넘어갔다. 동쪽은 브룬힐트가, 서쪽은 프레데군트가 차지했다.
고마 해라! 많이 죽였다 아이가!

브룬힐트 여왕은 50년 가까이(568~614년) 통치했다. 그래서 동프랑크는 적어도 평화롭게 쇠락의 길을 걸었다.

프레데군트의 아들 로타르는 이모 브룬힐트를 말꽁무니에 매달아 질질 끌고 다니다가 죽였다.
로타르 이 자식, 내가 꼭 고소할 거야!!
어휴, 또 시작이군.

로타르는 왕 노릇을 할 만한 재목이 아니었다. 나라는 그의 집사장이며 오늘날의 총리 비슷한 궁재였던 피핀이 다스렸다. 로타르는 피핀의 꼭두각시였다.
전하, 보기 민망하옵나이다!
이러시면 아니되옵니다!

694년 교회는 모든 유대인 어른을 노예로 만들고 어린이는 그리스도교도로 키우자고 제안했다. 위티사 왕은 콧방귀를 뀌었다.

— 죄 없는 어린것들을 지옥의 영원한 저주에서 벗어나게 하소서, 전하!
— 부모 없이 평생을 사는 건 저주가 아니고? 죽은 다음에 천당 갈지 지옥 갈지 자네가 어떻게 아누?

위티사가 709년에 죽자 교회는 그의 아들 움바가 왕위에 오르는 것을 막고 반유대주의 정책에 순종하는 로데리크를 밀었다.

로데리크는 위티사 집안을 박살내고 왕위에 올랐다.

— 으악!

위티사 집안은 누군가의 도움이 절실했다.

그때 마침 이슬람 세력이 엎어지면 코 닿을 거리인 북아프리카에서 한창 정복 전쟁을 벌이고 있었다.

고트족 몇 명이 유대인을 통역으로 데리고 바다를 건너가 아랍인을 스페인으로 초대했다. 심지어는 배편까지 주선해주었다.

— 됐죠? 도와주실거죠?

이윽고…

— 이게 웬 떡이냐!

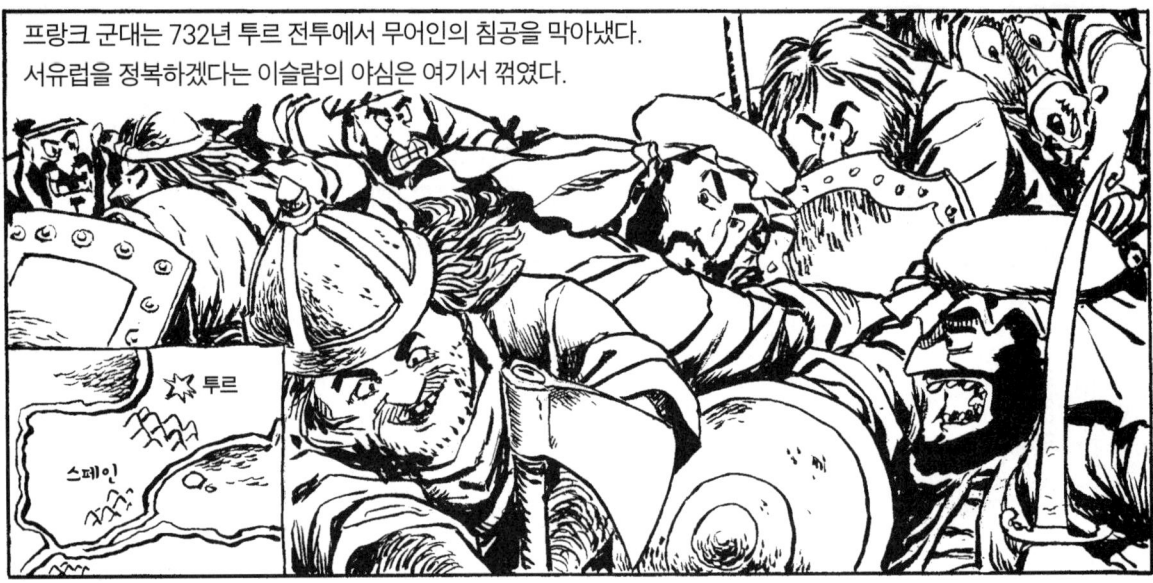

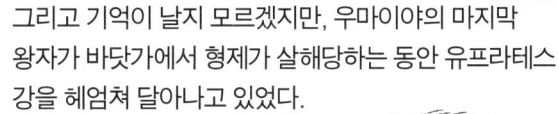

750년.
동쪽에서는 반란이 일어나 우마이야 왕조가 무너지고 압바스 왕조가 들어서 바그다드를 세웠다.

그리고 기억이 날지 모르겠지만, 우마이야의 마지막 왕자가 바닷가에서 형제가 살해당하는 동안 유프라테스 강을 헤엄쳐 달아나고 있었다.

집에 수영장이 있었던 게 천만다행이야.

19세의 아브드 알 라흐만은 5년 동안 사람들 눈을 피해 다니면서 몇 명의 심복과 함께 서쪽으로 나아갔다.

모로코에 닿는 길로 스페인에 사는 친척한테 사람을 보냈다. 곧 어서 와서 난국을 수습해달라는 초대장이 왔다.

간다고 해, 인석아!

756년 라흐만은 스페인에 도착했다. 반대자도 있었지만 지도자들은 충성을 다짐했다. 반대파를 일거에 제압한 아브드 알 라흐만은 스페인을 호령하는 토후(사령관, 총독)가 되었다.

이게 꿈이냐 생시냐, 아들아!

이렇게 아부 수피안 집안이 세운 우마이야 왕조는 결국 살아남았다. 세금을 면해주는 이슬람교로 다들 개종하는 바람에 나라를 거덜낸 적 있는 실패를 밑거름 삼아, 우마이야 왕족은 스페인을 시와 예술이 꽃피고 이교도에게 너그러운 부강한 나라로 만들었다.

그래도 얼굴은 좀 가리시지 않고.

옳소!

우상을 버려라!

허허벌판에서 시작된 이슬람은
불과 70년 만에 그리스도교 세계를
뒤흔들었다. 어떻게 한 종교가
다른 종교에게 그렇게 순식간에
밀려날 수 있었을까?

그리스도교도는 어디가 잘못되었는지
영혼을 들여다보면서 곰곰이 반성해보았다.
성서에는 죄인은 벌을 받는다는 대목이 있었다.
필시 죄를 지었음에 틀림없었다.
죄? 도대체 무슨 죄일까?

죄가 무엇인지 확실히 아는 사람도 있었다.

그리스도교도가 우상 숭배를 하고 있었던 것이다.
성상 앞에서 기도하고 성화에 봉헌하는 것이
바알 신에게 제물을 바치는 것과 뭐가 다르단 말인가?

반면 이슬람교도는 조각된 신상을 만들지 말라는 계명을
엄격히 따랐다. 그들은 잎, 줄기, 기하학 도형은 그려도
사람은 그리지 않았다! 그래서 더 순수한 것일까?

스페인이 무어인에게 정복당한 711년,
비잔틴 제국에서는 새 황제가 등극했다.
'이사우리아 왕조'의 레오 3세는 제국의
변방인 시리아 태생이라 아랍어를 했고,
이슬람교에 친숙했다.

몇 년 뒤 다마스쿠스에서 칼리프 야지드는 이슬람 세계에 있는 모든 그리스도교 성상을 파괴하라고 지시했다. 예수, 마리아, 성자의 그림, 모자이크, 조각은 모조리 철거되었다.

그거 안 본다고 믿음이 사라지면 신자가 아니겠죠?

파괴를 보다 못한 신도들은 그리스도교를 믿는 비잔틴 황제에게 도움을 요청했다.

레오오오오오!!

레오의 반응에 신자들은 경악했다!

나두 따라해야지!

그는 비잔틴 제국에도 똑같은 지시를 내렸다! 콘스탄티노플에서 아주 크기로 유명한 교회의 정문에 달린 거대한 예수상까지 철거반을 올려 보내 끌과 망치로 박살냈다.

쿵 쿠 구

철거반장은 성난 여신도들한테 맞아 죽었다고 한다.

!

하지만 레오는 밀어붙였다. 이렇게 시작된 성상 파괴 운동은 50년이나 계속되었다. 단속반이 교회로 들이닥쳐 성상을 압수했다!

금과 은이 많이 들어가 있는 성상은 당연히 황제가 독차지했다.

"이것도 우리가 아랍한테 배워야 할 점이야. 걔네들은 아까운 귀금속을 이슬람 사원에 처바르지 않거든!"

그래서 744년 아랍은 콘스탄티노플을 침공했지만 넉넉한 재정으로 사들인 무기 덕분에 전투력이 강화된 비잔틴 군대에게 혼쭐이 났다. 아랍은 두 번 다시 쳐들어오지 않았다.

"성상을 파괴한 보람이 있네!"
"자축하는 뜻에서 기념패라도 하나 만들까요, 형님?"
"그거 좋지!"

레오의 뒤를 이어 황제로 등극한 '코프로니무스'* 콘스탄티누스 5세는 아버지 못지않게 성상 파괴에 열을 올렸다!

"훨 낫잖아!"

*코프로니무스는 방귀라는 뜻이다. 황제가 아기 때 세례를 받다가 일어난 '사고'로 얻은 별명이었다.

묘하게도 황제의 큰 신임을 받으며 성상 파괴에 앞장섰던 아나스타시우스 총대주교는 변비로 죽었다.

"땡땡하네!"

성상 파괴 운동에 반대했던 사람들이 이런 일화를 날조했을 가능성도 있다.

"오줌은 안 쌌나 몰라!"
"응아도 했어요!"
"얼마나 냄새가 구렸을까!"

성상을 좋아하는 많은 사람은 성상 파괴자를 증오했다. 황제의 며느리인 이레네도 성상 파괴 운동을 못마땅하게 여겼다. 황제가 죽자 그녀의 아들이 졸지에 황제가 되었다. 아들이 너무 어렸기 때문에 이레네가 섭정을 했다.

786년 그녀는 제국의 모든 교회를 불러 공의회를 열고 성상 파괴에 반대하는 세력에게 힘을 실어 주었다. (만화가를 고무시키는) 흥미로운 토론 끝에 그들은 성상을 다시 들이기로 결의했다!

이레네는 신심이 깊었다. 아들이 장성해서 성상 파괴 운동을 다시 벌이겠다고 하자 아들의 눈을 도려냈다.

그러자 로마 교황은 박수갈채를 보냈다! 가톨릭교회는 성상을 좋아했던 것이다. 교황은 동서 교회를 통합할 수 있다는 꿈에 부풀었다.

801년 프랑크 왕으로부터 청혼서를 받았다. 그 왕은 어인 일인지 '로마 황제'를 자칭했다.

갑자기 웬 로마 황제?

중세의 두 얼굴, 샤를마뉴 대제

70년 전의 프랑크 왕국으로 돌아가 보자. 당시 왕들은 카를 혹은 피핀으로 불리는 궁재들의 꼭두각시였다. 카를 마르텔은 무어인의 침공을 막아냈다.

750년경 카를의 아들인 '키 작은' 피핀은 허울뿐인 왕을 몰아내고 아예 자기가 그 자리에 앉았다.

피핀을 자세히 소개하는 데는 그럴 만한 이유가 있다. 첫째는 그가 교황에게 준 땅이 두고두고 분란의 씨앗이 되기 때문이고, 둘째는 그의 아들(이번에도 당연히 카를!)이 암흑시대라는 중세에서도 가장 위대한 왕으로 평가받는 카를 대제 또는 샤를마뉴 대제이기 때문이다. 무엇이 그를 유명하게 만들었을까? 우선 싸우는 족족 이겼다. 권좌에 오르고 나서 768년 샤를마뉴는 처음으로 원정에 나섰다. 그리고 다음 40년 동안 거의 해마다 전쟁을 벌였다.

샤를마뉴는 먼저 아직도 옛날 신을 믿고 있던 동쪽의 색슨족을 공격하여, 항복하고 그리스도교로 개종하지 않으면 몰살시키겠다고 윽박질렀다. 	색슨족이 저항하자 샤를마뉴는 무자비하게 진압했다. 4500명의 포로를 처형하고 아녀자 1만 명을 추방했다. 그래도 반항하자 샤를마뉴는 반란이 가라앉을 때까지 악착같이 몰아세웠다. 	다음에는 중유럽을 거점으로 독자적으로 살아가던 유목민 아바르족을 공격했다. 샤를마뉴는 아바르족의 씨를 말렸기 때문에 이들에 관한 기록은 거의 남지 않았다. 
샤를마뉴는 피레네 산맥을 넘어 스페인까지 쳐들어갔지만 무어인에게 밀려났다. 	귀로에 프랑크 군대의 후위가 바스크라는 산악 민족의 매복에 걸렸다. 바스크족은 샤를마뉴의 오른팔이었던 롤랑 백작을 죽였다. 	4세기 뒤 한 시인은 『롤랑의 노래』라는 시로 용장의 죽음을 기리면 극적 효과를 위해 바스크족을 무어인으로 바꿔치기했다. 
전쟁터에서는 인정사정없었지만 샤를마뉴는 부성애로 똘똘 뭉친 자상한 아버지였다. 밥도 꼭 아이들하고 같이 먹었다. 	딸들도 딱 한 명만 빼놓고는 시집을 보내지 않았다. 사윗감이 성에 차지 않았던 것이다. 	하지만 궁정 '친구들'과 눈이 맞아 딸들이 아기를 낳아도 짐짓 모르는 척 눈감아주었다. 

전쟁을 하거나 전쟁을 준비하지 않을 때는 샤를마뉴는 세금과 법률에서 광산, 항구, 학교에 이르기까지 국정을 꼼꼼히 챙겼다. 특히 샤를마뉴가 세운 학교에서는 서양의 일류 학자들(그래봐야 따분했지만!)이 누구한테나 공짜로 공부를 가르쳐주었다.

또 귀족들이 숨어 살지 못하도록 성채와 요새를 허물라는 명령을 내렸다.

무역을 일으키기 위해 유대인을 끌어들였다.
아랍 세계와 교역을 하기 위해서였다.

프랑크 왕국에 있던 유대인은 장사에만 힘쓴 것이 아니라 종교론에도 능했다. 보도라는 독일 신부는 유대인의 종교론에 반하여 837년 스페인으로 가서 유대교로 개종하고 그리스도교를 공격하는 편지를 보내기 시작했다.

그러자 스페인의 파블로 알바로라는 유대계 그리스도교인은 이를 반박하는 편지를 썼다. 10년 동안 유대인 그리스도교도와 그리스도교를 믿는 유대인 사이의 편지 전쟁으로 유럽 지성계는 후끈 달아올랐다.

애석하게도 알바로가 쓴 편지만 남아 있다. 보도의 편지는 그리스도교를 믿는 광신도가 불살라버렸을 가능성이 높다.

샤를마뉴는 814년 72세를 일기로 죽었다. 호인이었던 그의 아들은 욕심이 많았던 샤를마뉴의 손자들에게 영토를 나누어주었다. 843년 세 손자는 왕국을 삼등분하기로 합의했다.

이 왕국들은 순탄하게 발전할 수도 있었지만 불운이 겹쳐 그러지를 못했다.

바이킹족이 프랑스를 약탈하기 시작했다.

바이킹족은 한 번에 수백 척씩 배를 몰고 프랑스 강을 타고 올라가 약탈과 살인을 일삼고 노예로 잡아갔다. 840년, 842년, 843년, 845년, 846년, 853년, 862년, 872년… 바이킹은 걸핏하면 프랑스 해안에 출몰했다.

샤를마뉴가 성채를 없애버렸기 때문에 프랑스인은 숨을 데도 없었다!

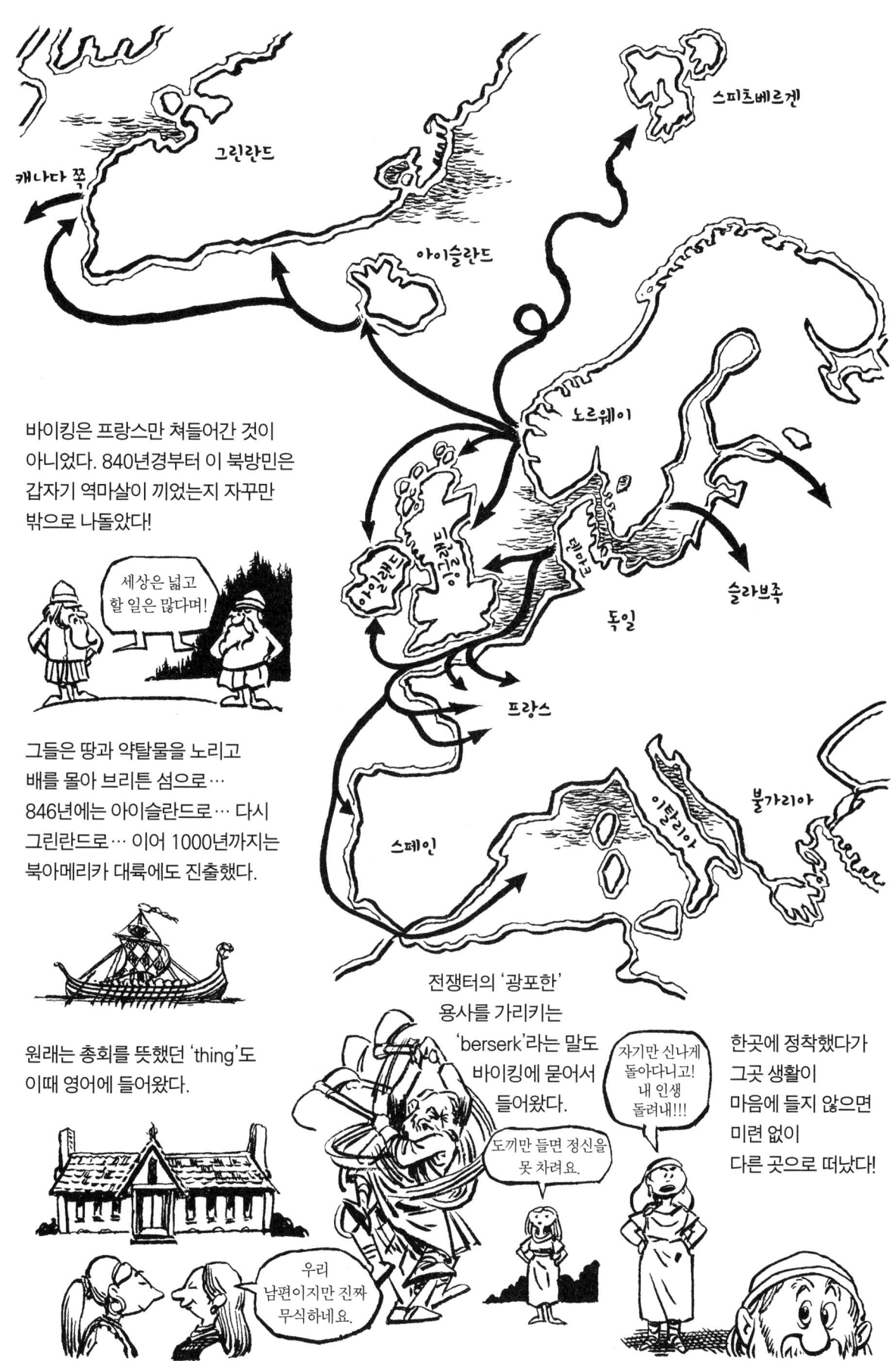

바이킹은 대부분 약탈만 하고 물러갔지만 아예 눌러앉은 바이킹도 있었다. 프랑스 북서부에서 그들은 현지 주민과 결혼하고 프랑스어를 배웠다. 이들이 노르만인이다.

"따라해봐, "봉주흐"!"

911년 노르만 지도자 롤로는 프랑스 왕 샤를 3세를 찾아가서 담판을 지었다. 샤를 3세는 노르만인에게 땅을 주었다. 대신 롤로는 바이킹으로부터 파리를 지켜주고 가톨릭으로 개종하기로 약속했다.

"좋아, 다음 순서는 뭔가?"
"음, 무릎을 꿇어주시지요. 괜찮으시면…"

이어 벌어진 성대한 축하연에서 롤로는 샤를 3세의 봉신이 되기로 다짐했다.

"으하하, 남자 손이 젖먹이 엉덩이처럼 말랑말랑하구먼!"
"헤헤…"

롤로가 죽자 노르만인은 100명의 처녀를 제물로 바쳐 불타는 배에 시신과 함께 태워 멀리 보냈다. 그것이 바이킹의 관습이었다.

이 노르만인은 나중에 중요한 역할을 맡는다.

성을 하나씩 차지한 프랑스의 백작과 공작은 자기들끼리 싸움을 벌였다. 군인들은 농부가 애써 지은 농사를 망쳐놓기 일쑤였다.

"어서 옵쇼!"

11세기 초, 보다 못한 교회가 고맙게도 나서서 귀족들에게 '하느님의 휴전'을 받아들이라고 요구했다. 더 이상 싸우지 말란 소리였다.

금요일부터 월요일까지는 무조건 휴전이었다. 이 말은 화요일, 수요일, 목요일은 괜찮다는 뜻이었다!

"전쟁이 있어야 평화의 소중함을 알 거 같아서…"

볼가 강의 탐험대

바이킹은 동쪽으로도 진출했다. 발트 해의 내륙 수로를 통해 바이킹의 배는 강을 타고 남쪽으로 거슬러 올라가 유럽 대륙의 심장부이자 슬라브족의 안마당으로 진출했다.

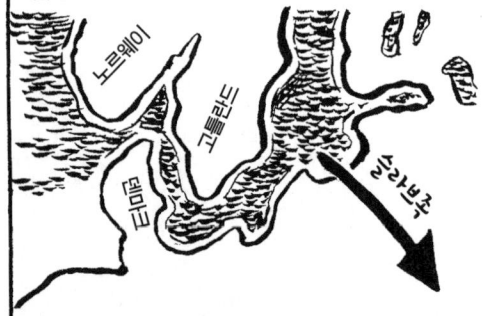

그 전말은 북방의 숲지대처럼 그늘에 가려 있다. 아마 그것은 비잔틴 제국의 황제 자리에서 쫓겨났던 유스티니아누스가 심복 몇 사람과 하자르로 유배를 가서 세력을 규합하는 과정과 비슷했을 것이다.

처음에는 현지인의 신뢰를 얻고, 반대파에게는 겁도 주고, 현지인과 결혼을 하여 자식도 낳고 적의 여자를 납치하기도 하고, 얼마 안 가서 강력한 군사력으로 주변을 평정했을 것이다.

그 땅은 얼마나 실속이 있었을까? 강을 따라 귀금속, 모피, 노예를 흑해까지 싣고 가서 비잔틴, 하자르, 아랍에 팔 수 있었으니 수입이 제법 짭짤했을 것이다.

"농민들한테 세금도 거둘 수 있다오!"

850년에는 러시아라는 나라가 혜성처럼 등장한다.

러시아는 콘스탄티노플의 강력한 도전자로 떠올랐다. 비잔틴 제국은 흑해를 어느 누구에게도 양보할 뜻이 없었다!

그리스 해군은 러시아 상선을 집적거려 침몰시키거나 화물에 엄청난 세금을 때리거나 아니면 화공을 퍼부었을 것이다.

866년 러시아 해군은 비잔틴 군대가 동방 원정을 떠난 틈을 타서 콘스탄티노플을 공격했다.

장정은 죄다 군대에 끌려 나가고 남자라곤 늙은이밖에 없었으므로 비잔틴의 사제들은 향불을 피우고 성모상(성상을 다시 만들기 시작했다)을 앞세우고 기도를 올리며 행진하는 것 외에는 달리 방도가 없었다.

러시아 군대는 말없이 철수했다. 비잔틴 사람들은 이것을 기적으로 받아들였다!

콘스탄티노플은 위기에서 벗어났고 러시아는 훗날 땅을 치며 후회했다!

콘스탄티노플은 러시아를, 불가리아를 견제할 수 있는 잠재적 우군으로도 여겼다.

비잔틴은 불가리아와 대대로 앙숙이었는데 최근에는 고전을 면치 못하고 있었다.

"해골이 작으니 소심할 수밖에!"

811년 비잔틴과의 전투에서 승리를 거둔 불가리아 칸 크룸은 비잔틴 황제의 해골로 술잔을 만들었다.

"정말 기발한 상상력이죠, 여러분?"

"이 왕자 눈을 파내는 데 정신이 팔려 못 들었는데 뭐라 그랬소, 공주?"

비잔틴은 불가리아인을 먼저 그리스도교로 개종시키면 조금씩 머리를 숙이고 기어들어올 것이라고 믿었다.

"종교가 경쟁력이지!"

불가리아인은 그리스도교로 개종한 다음에도 고분고분하지 않았으니, 비잔틴은 다른 방법을 찾아야 했다.

"러시아를 개종시켜!"

러시아를 같은 편으로 만든 다음 후방에서 불가리아를 치게 한다는 복안이었다!

"알겠소! 빨리 해치우고 나서, 될지 안 될지는 모르겠지만 콘스탄티노플로 한 번 더 쳐들어오겠소!"

"천천히 오세요!"

(941년경)

작전은 너무 심하게 들어맞았다. 러시아 차르(황제) 스비아타슬라브는 970년 불가리아를 쳐부수더니 콘스탄티노플까지 위협했다.

쥐새끼 같은 놈!

☆◎*

걱정 마. 잔머리 하면 우리 아닌가? 두고 보라고!

그리스인은 차르와 군대를 돈으로 매수하는 척했다. 얼마면 순순히 물러나겠느냐고 떠보자 차르는 2만 명 군인한테 섭섭지 않게 대접할 정도라고 대답했다. 그러자 비잔틴은 10만 대군을 보내 러시아 군대를 섬멸했다.

인간이 싫다!

차르는 탈출에 성공했지만 페체네그족의 매복에 걸렸다. 그의 해골도 술잔으로 만들어졌다!

맛이 어때요?

간이 좀 덜 뺐나?

(페체네그족은 튀르키예계 유목민이었다.)

불가리아는 군사를 모아 비잔틴을 다시 침공했다. 지루한 공방전을 되풀이하다가 1014년 '불가리아인의 도살자'라는 별명이 붙은 비잔틴 황제 바실리우스 2세는 역사상 가장 끔찍한 만행을 저질렀다. 1만 5000명의 불가리아 포로를 100명씩 묶어 99명은 장님으로 만들고 1명은 외눈박이로 만들어 나머지 장님을 이끌고 귀향길에 오르도록 만든 것이다. 불가리아 왕 사무엘은 이 행렬을 보고 졸도하여 혼수상태에 빠졌다가 사망하고 말았다.

불가리아 제국은 '로마'의 지배 아래 들어갔다.

'불가리아인의 도살자'로 역사에 기억돼도 괜찮으세요?

그거 칭찬 아니었남?

노예무역

발칸을 비롯하여 여러 지역에서 벌어진 전쟁으로 9세기와 10세기에 노예가 쏟아져 나왔다. 노예는 슬라브족 출신이 많았다.

게르만족은 슬라브족을 공격했고, 비잔틴도 하자르도 심지어는 별 볼일 없는 이탈리아의 작은 도시도 슬라브족을 집적거렸다!

베네치아처럼 아름다운 도시를 노예무역의 중심지로 소개하는 것은 좀 뭣하지만… 사실은 사실이었다. 콘스탄티노플이 튼튼한 성벽으로 적의 침공을 막아낸 것처럼 베네치아는 늪과 모래톱이라는 천혜의 자연 조건 덕분에 1천 년 동안 아무도 건드리지 못했다.

쿠앙 쿠앙
쿠앙

베네치아가 부를 축적한 것은 바다 건너 달마티아에서 목재와 사람을 가져다가 '자원'으로 팔아먹은 덕분이었다.

죄수들은 베네치아가 물에 잠기는 것을 막기 위해 커다란 말뚝을 늪에 박아 넣는 일에 동원되었을 것이다.
지금의 베네치아는 이렇게 촘촘히 박아 넣은 100만 개의 말뚝 위에 서 있다.

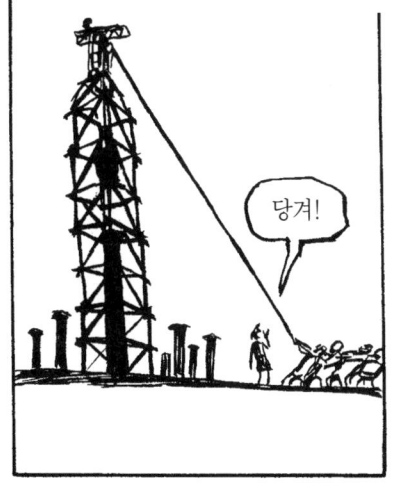

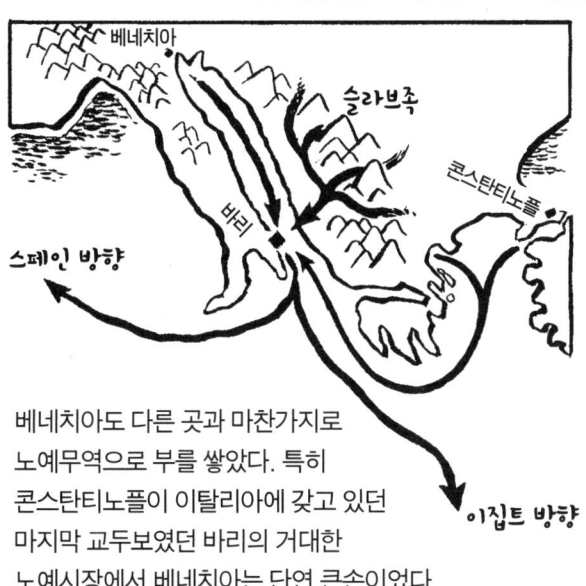

베네치아도 다른 곳과 마찬가지로 노예무역으로 부를 쌓았다. 특히 콘스탄티노플이 이탈리아에 갖고 있던 마지막 교두보였던 바리의 거대한 노예시장에서 베네치아는 단연 큰손이었다.

바리에서도 유대인은 노예무역을 장악했다. 이슬람 세계를 훤히 알아 노예를 팔아먹는 데 유리해서였다.

이탈리아 노예시장에 모인 슬라브 노예는 모로코로, 또 아예 '스칼라바'라는 백인 노예 용병 부대가 따로 있던 이집트 파티마 왕조로, 불티나게 팔려 나갔다.

노예무역이 얼마나 번창했는지, 아랍어는 물론 대부분의 유럽어에서 노예를 뜻하는 단어는 모두 슬라브에 기원을 두고 있다.

코르도바의 영광

스페인을 차지한 이슬람 세력은 9세기에 바이킹의 침략을 받지는 않았지만 지방 태수의 반란, 베르베르족의 반발, 산적*의 범람으로 골치를 앓았다. 900년이 되면 북부의 그리스도교 왕국들이 야금야금 영토를 확장했고 이슬람은 그만큼 위축되었다.

그러던 차에 912년 일밖에 모르는 아브드 알 라흐만 3세가 코르도바의 수장이 되었다.

아브드 알 라흐만 3세는 모든 가능성을 검토해 정책을 결정하는 신중파였다. 혈족이 아니어도 인재는 과감히 발탁했다. 무엇보다도 꾀가 많았다.

그의 재치를 보여주는 산초의 일화를 보자. 그리스도교 왕국 레온의 왕이 될 사람은 산초라는 왕자였는데 너무 뚱뚱해서 퇴짜를 맞았다.

산초의 할머니는 이슬람 수장에게 편지를 써서 도와달라고 사정했다.

보도-알바로의 편지 논쟁이 있은 뒤로 이슬람 정부는 이슬람 법을 어기고 개종자를 늘리기 위해 노력했다며 그리스도교를 탄압했다. 일부 그리스도교도는 노골적으로 무함마드를 비방했다가 처형을 당했다.

탄압을 피해 많은 사람이 보바스트로 골짜기로 피신하여 스페인의 의적을 자처하던 우마르 이븐 하프순의 산적 대열에 합류했다. 하프순은 결국 892년 그리스도교도가 되었다.

산적은 소탕당하고 반란은 진압되었다. 그러나 이슬람교에 대한 적개심은 수 세기 뒤에도 수그러들지 않았다.

아브드 알 라흐만 3세는 잃었던 스페인 영토를 대부분 되찾았다. 그의 오른팔이었던 하스다이 이븐 샤피루트는 히브리어 연구와 문학을 장려했으며 바그다드의 유대교 학자와 편지를 주고받았으며 갑자기 역사에서 사라진 하자르인의 수수께끼를 파고들었지만, 이렇다 할 소득은 없었다.

아브드 알 라흐만 3세 치하에서 스페인은 번영을 누렸다. 인구가 100만 명에 육박했던 코르도바는 세계에서 가장 큰 도시의 하나가 되었다. 자신감을 얻은 수장은 자신을 칼리프라고 불렀다.
(2부 어딘가에 나옴.)

내가 시아파보다 어디가 못나서!

그는 코르도바의 중앙 사원을 대규모로 증축했으며 이것은 지금도 남아 있다. 로마를 비롯한 여러 나라의 유적에서 가져온 연보라, 연녹색, 백색의 거대한 기둥은 모양이 제각각이었지만 조화를 이루면서 적색과 백색의 줄무늬가 교차하는 유명한 이중 아치를 떠받치고 있다.

50년에 걸친 아브드 알 라흐만의 통치는 962년에 막을 내렸다. 늙은 통치자는 이렇게 술회했다. "그 오랜 세월 동안 내가 진정으로 행복을 느꼈던 날이 과연 며칠이나 되었는지 헤아려보니… 겨우 14일이었다. 그러니 세상사에 너무 큰 기대를 걸지 말지어다."

노르만, 분쟁의 씨앗

프랑스에 자리 잡은 바이킹족 곧 노르만인은 죽은 지도자 롤로를 불타는 배에 실어 바다로 보낸 뒤 가톨릭 신앙을 진지하게 받아들이기 시작했다.

11세기 초반 일부 노르만 기사들이 이탈리아를 통해 예루살렘*으로 순례를 떠났다.

* 당시는 파티마 왕조가 다스리고 있어 그리스도교도도 예루살렘을 방문할 수 있었다.

노르만인은 이탈리아가 마음에 들어 그대로 눌러앉았다!

어디가 마음에 드쇼?

여자, 음식, 날씨, 노략질할 기회!

그들은 군인을 직업으로 택했다. 이탈리아 군주들은 노르만인의 전광석화 같은 기병 돌격술에 반했다. (이 돌격술은 동양에서 들어온 편자의 덕을 톡톡히 보았다)

좋아 좋아! 합격!

두두두두   두두두두

노르만인은 자식을 많이 낳았는데 그 자식들이 자라 군대를 만들었다. 프랑스에서 오는 노르만인이 늘어나면서 군대의 규모도 자연히 커졌다. 그들은 독자적으로 싸웠다.

달라붙지 마!

1053년 족제비라는 별명을 가진 로베르토 기스카르가 남부 이탈리아로 쳐들어가서 교황의 군대와 싸웠다.

탕 탕

기스카르라는 이름도 족제비처럼 교활하다는 뜻이었다.

1065년이 1066년으로 바뀔 무렵 노르망디의 윌리엄 공은 잉글랜드에서 기별이 오기를 기다리면서 쳐들어갈 것인가 말 것인가 열심히 주판알을 튕기고 있었다.
여기에는 깊은 사연이, 아주 깊은 사연이 있다.

잉글랜드는 나중에 굴러들어온 돌이다!

브리튼 섬을 정복한 고대 로마의 군단은 69년 반란이 일어난 유대에 진압군으로 투입되었다.

2권 5부 248쪽을 참조할 것!

모르긴 몰라도 진압군에게 밀려난 반군은 사방으로 흩어져 멀리 브리튼 섬까지 흘러들어갔을 것이다. 전설에 따르면 최초의 그리스도교도는 예수가 썼던 성배를 갖고 브리튼 섬에 왔다고 한다.

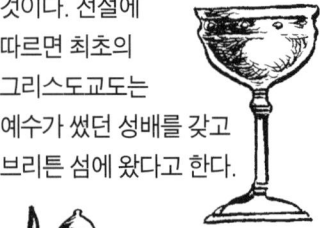

아무튼, 서기 350년까지는 브리튼 남부는 완전히 로마화 되었고 촉촉하고 푸른 평원 곳곳에 교회가 들어섰다.

브리튼 북부는?

말도 마! 이교도 천지라 못 내려오게 막아놨지!

로마 제국이 무너지자 브리튼에도 해적이 들끓었다. 385년경 파트리키우스(로마식 이름)라는 소년도 해적에게 납치당했다.

아직 그리스도교가 안 전해진 아일랜드에 노예로 팔려간 파트리키우스는, 이상한 신들을 믿고 여자들 주장이 강한 아일랜드 사람 사이에서 양치기 노릇을 하면서 살았다.

몇 년 뒤 그는 '떠나라'는 계시를 들었다.

파트리키우스는 달아났다. 배를 타고 고향 브리튼으로 돌아가 사제 수업을 받고, 주교가 되었다. 그리고 431년 교황으로부터 포교 하라는 명령을 받고 아일랜드로 돌아갔다!

파트리키우스는 악귀를 쫓아내는 무당을 잔뜩 거느리고 갔다.
(초기 그리스도교도는 이교도의 신은 정말로 악마라고 믿었다!)

오늘날 우리가 성 패트릭이라고 부르는 파트리키우스 주교는 수십 년 동안 아일랜드를 누비고 다니면서 설교하고 가르치고 축복하고 욕하고 아일랜드인의 토착 종교인 드루이드교 사제와 마술로 대결을 벌였다.

결국 아일랜드인은 그리스도교로 돌아섰지만 옛 신들을 깡그리 포기한 것은 아니었다. 그저 비중이 줄었을 뿐이었다. 그리고 여자들은 로마인의 기준으로 보자면 여전히 드셌다.

로마 군대가 브리튼에서 완전히 철수한 해가 407년이었다. 외적의 침입은 끊이지 않았다. 420년경 지방 행정관은 치안 회복을 위한 묘안을 떠올렸다.

맞아! 게르만족을 끌어들이는 거야! 질서 하면 게르만이잖아!

소문은 북부 독일로 삽시간에 흘러들어갔고, 사방으로 퍼져나갔다.

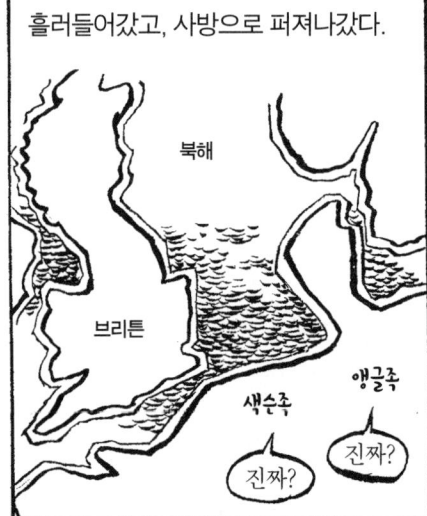

450년경부터 게르만인이 브리튼으로 몰려왔다.

앵글족과 색슨족이 주축을 이룬 게르만인은 교회를 신나게 약탈했다. 이 와중에 성배가 사라졌다. 앵글족과 색슨족은 브리튼 동부를 휩쓸었다.

이렇게 좋은 땅을 왜 진즉에 몰랐을꼬!

하지만 그들의 기세는 곧 꺾였다. 역사에는 기록이 없지만 아서 왕의 무용을 노래한 전설에 따르면 아서 왕과 그리스도교 기사단이 색슨족과 맞서 싸우면서 성배를 찾아 나섰지만 끝내 못 찾고, 아서는 525년 전쟁터에서 죽었다고 한다.

도끼를 휘두르며 괴성을 질러대는 이교도들이 브리튼 남부를 차지해 자기네 땅(잉글랜드)으로 만들자 브리튼 교회는 서쪽으로 달아났다.

책을 갖고 튀어라!

대부분은 바다 건너 아일랜드에 정착하여 어렵게 가지고 온 희귀본을 베끼면서 지냈다.

뜻을 알 수 있으면 오죽 좋으련만…

7세기, 앵글로색슨족도 그리스도교로 개종했고, 8세기엔 이름난 학자도 배출했다. 부활절의 시기를 계산하는 방법을 정착시키는 데 앞장섰으며 교회사를 쓴 비드, 샤를마뉴 대제의 신임을 받아 교육 대신으로 일한 앨퀸이 대표적이다.

봉주르! 우리 같은 무식꾼에게 한 수 가르쳐주시게!

프랑스어는 잘 하시네요.

북유럽의 노르웨이인과 덴마크인은 9세기, 10세기, 11세기 초에도 계속 몰려들었다. 1013년 잉글랜드는 덴마크 왕이 통치하게 되었다. 여기에 반발한 일부 앵글로색슨인은 혼인을 통해 프랑스의 노르만인을 같은 편으로 끌어들이려 애썼다.

덴마크인이나 노르만인이나 결국은 다 바이킹 해적인데, 뭐가 다르다고?

1042년 이 앵글로-노르만파가 왕권을 장악했다. 아버지는 잉글랜드인, 어머니는 노르만인이었던 '참회왕' 에드워드는 프랑스어를 잘 하는 신하들만 총애하여 앵글로색슨인의 격분을 샀다.

전하의 프랑스어는 완벽하옵니다!

놀고 있네!

쳇!

밥맛없어!

한편 노르망디에서는 '서자왕' 윌리엄 공작이, 에드워드가 시름시름 앓고 있다는 소식을 듣고 열심히 주판알을 튕기고 있었다. 윌리엄은 예전에 에드워드가 덴마크 왕조의 탄압을 받았을 때 피신처를 제공해주었고

톡 톡 톡 톡

자식이 없었던 에드워드는 보답으로 나중에 잉글랜드 왕위를 물려주마고 윌리엄에게 약속했다.

과연 약속을 지킬까? 그것이 문제로다!

진정해, 자기야… 수프가 무슨 죄야!

1066년 초 에드워드가 죽었다. 잉글랜드 귀족들은 윌리엄을 제쳐두고 앵글로색슨 혈통인 웨식스 백작 해럴드를 왕으로 추대했다.

우라질! 공격이다!

교황의 재가를 받는 대로!*

* 교황은 금방 허락했다!

잉글랜드의 해럴드 왕은 윌리엄의 공격에 대비하여 해안 경비를 강화하고 있었는데…

전하! 비상사태가 발생했습니다!

골치 아픈 일이 생겼다. 해럴드의 형제인 **토스티그**가 비잔틴과의 전쟁 경험이 풍부하고 성질이 불같은 50대의 노르웨이 왕 하랄 3세와 합세하여 왕위를 요구하면서 잉글랜드 북쪽 해안으로 쳐들어왔다.

9월 초 잉글랜드 보병은 북진하여 토스티그와 하랄 3세와 싸웠다.

잉글랜드 군대가 전투에서 이긴 바로 그 무렵, 윌리엄이 이끄는 노르만 군대가 남쪽 해안에 상륙했다.

비상사태!

잉글랜드 보병은 쉬지도 못 하고 노르만 군대를 막기 위해 그대로 남진했다.

1066년 10월 14일 헤이스팅스 전투에서, 노르만 군대는 잉글랜드 군대를 격파했다. 해럴드 왕은 눈에 화살을 맞고 적에게 붙잡혀 처참하게 죽었다. 온몸이 토막 나는 바람에 미망인 에디스 스완스네크가 남편의 시신을 수습하느라 애를 먹었다. 많은 앵글로색슨 병사들은 훗날을 기약하면서 도주했다.

주인 양반 큰 창자가 혹시 이렇게 생기지 않았소?

크리스마스에 대관식을 치른 뒤 윌리엄은 자신과 직계 신하들을 위해 토지를 확보하는 작업에 들어갔다. 앞으로 잉글랜드를 프랑스처럼 봉건제로 다스리겠다고 선언했다. 국왕으로부터 직접 영지를 받은 봉건 영주는 성채와 요새를 지을 수 있지만 나머지 귀족은 왕에게 충성을 서약해야 한다. 윌리엄은 잉글랜드의 모든 지주를 한자리에 불러 모아 충성을 다짐하는 의식을 거행했다. 모두 6만 명의 지주가 가족, 하인, 노점상과 함께 한바탕 잔치를 벌였다.

이때부터 어떤 나라도 브리튼을 정복하지 못했다. 아니, 이때부터 브리튼은 처음으로 다른 나라들을 침략하기 시작했다. 그리고 서자왕 윌리엄은 정복왕 윌리엄으로 호칭이 격상되었다!

비잔틴 제국이 황제를 갈아치우는 데 여념이 없는 동안 로베르토는 콘스탄티노플 원정을 결심했다.

1081년 노르만 군은 그리스를 공격했다. 황제는 정예 부대를 투입했다. 앵글로색슨인과 노르만인이 다시 한 번 맞붙게 되었다. 노르만 군의 방어선이 무너졌다!

그러나 시젤가이타의 포효에 용기를 얻은 노르만 병사들은 전열을 가다듬고 반격에 나서 앵글로색슨 군대를 전멸시켰다. 그러나…

로베르토도 병력 손실이 컸다. 병력과 물자를 충원하기 위해 일단 철수해야 했으나 그도 여의치 않았다. 베네치아 군대가 배에다 불을 지른 것이다.

노르만 지도자는 간신히 배를 구해 이탈리아로 돌아왔다.

병력은 끌어 모았지만 물자 조달은 쉽지 않았다. 결국 약탈을 하는 수밖에 없었다. 로베르토는 몇 세기 동안 약탈을 당하지 않았던 로마로 밀고 들어갔다.

콘스탄티노플이 무너질까? 아직은 아니었다. 교황과 황제가 다시 대화를 시작했다.
로마를 약탈한 노르만인을 교황은 괘씸하게 여기지 않을 수 없었다. 콘스탄티노플에서는 수완이 좋은 사람이 황제로 등극했다. 황제는 라틴 형제들에게 소탐대실을 해서는 안 된다고, 즉 작은 것을 얻으려다가 큰 것을 잃어서는 안 된다고 설득했다. 비잔틴 제국을 공격하는 날엔 서양은 더 골치 아픈 상대를 맞이하게 될 뿐이라고 겁을 주었다.

1차 십자군

알렉시우스 콤네누스 등장. 콘스탄티노플의 최고사령관. 키는 작았지만 말 위나 옥좌에 똑바로 앉으면 당연히 당당해 보였다. 그가 1081년 피비린내 나는 권력 투쟁 끝에 비잔틴 황제로 등극했다.

그는 강권을 휘둘러 백성에게서 짜낸 세금과 교회에게 받아낸 기부금으로 군사력을 키워 노르만인의 공격을 막고 세르비아인의 반란을 진압하고 페체네그인을 무차별 살육했다.

하지만 튀르키예인은 비잔틴 제국을 활보하고 다녔다.

그러다가 잠시 숨을 고를 기회가 찾아왔다. 1092년 셀주크 술탄이 죽자 아들들끼리 싸움이 벌어졌고, 또 다른 씨족까지 왕위 다툼에 가세했다. 늘 튀르키예의 압박에 신경을 곤두세웠던 콘스탄티노플은 해방감을 느꼈다.

소강상태를 틈타 로마 교황이 황제에게 보낸 사절이 콘스탄티노플에 도착했다.

황제는 교황이 보낸 사절단에게 불만을 털어놓았다. 같은 그리스도교도인 나를 공격한다는 건 말도 안 된다. 비잔틴은 이슬람교를 믿는 튀르키예를 막아내고 있다. 그러니 교황도 나와 손잡고 이슬람 세력을 저지해야 한다. 교황이 할 수 있는 일이 뭔가 있을 것이다.

비슷한 시기에 로마 교황 우르바누스 2세의 처소에도 손님이 찾아왔다. 떠돌이 전도사 은수자 베드로였다.

은수자 베드로는 막 예루살렘에서 오는 길이라면서 흥분을 감추지 못했다!

교황 성하, 걔들이 우리 물건을 빼앗고 속이고 방 안에 돼지도 못 데리고 들어가게 했어요!

예루살렘을 차지한 튀르키예가 그리스도교 순례자에게 모욕감을 준다는 것이었다.

그런 광신도들 쓸어버립시다!

저 털옷 맘에 드네!

베드로는 성지를 불신자들로부터 되찾아오는 성전에 축복을 내려달라고 교황에게 졸라댔다.

그리고, 대장은 제가 할게요!

교황은 귀가 솔깃했다! "그리스 제국을 돕자"는 구호보다는 "예루살렘에 십자가를"이라는 구호가 한결 삼빡하게 들렸다. 잘만 하면 대박을 터뜨릴 수 있을 것 같았다.

이럴 때 족제비 같은 싸움꾼이 있으면 좀 좋아?

교황이 중대한 발표를 한다는 소문이 사방으로 퍼졌다. 수천 명의 귀족, 기사, 성직자가 교황의 폭탄선언을 듣기 위해 1095년 가을 프랑스 클레르몽으로 모여들었다.

이런 행사가 얼마나 성대하게 열렸는지 영화를 통해 우리는 너무나 잘 안다.
나부끼는 오색 깃발, 열광하는 군중의 환호성… 하지만 냄새는 어땠을까? 아마 으악이었을 것이다.
그 당시만 하더라도 프랑크인은 목욕이란 걸 모르고 살았으니까. 교황은 악취를 뿜어대는 군중에게
예루살렘으로 가서 싸우자고 선동했다. 이빨이 다 썩어 문드러져가는 3만 개의 입이 함성을 질러댔다.
비잔틴에서 온 두 명의 참관인은 졸도하기 일보 직전이었다. 참을 수 없는 악취에…

데우스 레 볼트! (신의 뜻이라!)

열기에 도취된 군중은 천을 북북 찢어 띠를 만들어 소매에 십자가를 꿰매어 넣었다.

남작, 기사, 백작, 공작은 고향으로 돌아가서 병졸, 무기, 마차, 식량, 그리고 돈을 챙겼다.

돈만 많이 준다면 이깟 영지 팔아치우고 가는 건데…

가만히 앉아 지원자를 기다리다간 어느 세월에 출발할지 모르겠다고 판단한 은수자 베드로는 프랑스 방방곡곡의 교회를 찾아다니면서 지금 당장 나서자고 충동질했다!

- 식량은 있고?
- 하느님만 믿어요!!

엄청나게 많은 사람들이 하던 일을 중단하고(그래봐야 대단한 일은 아니었겠지만) 베드로와 그의 책사 발터 상아봐르(무일푼)를 무작정 따라 나섰다.

- 야, 교황 어르신 말씀이 십자군이 천당 가는 건 따 놓은 당상이라지? 신난다. 특히 나같이 죄 많은 놈은 이런 기회를 놓칠 수가 없어. 난 사람을 여섯이나 죽였거든. 넌 몇이나 죽였냐?
- 끙…

1096년 봄 독일 라인 강 골짜기의 예스러운 도시에서 그들은 최초의 이단자를 찾아냈다. 예수를 죽였다고 옛날부터 교회의 미움을 받아온 유대인이었다.

- 아서요. 우리 공식 방침은 유대인을 살게는 하되 죄인이라는 생각을 한시도 잊지 못하도록 왕따 시키는 거래두!
- 우린 그렇게 복잡한 거 몰라요!

살인이 벌어졌다. 십자군은 유대인 사냥에 나섰고, 수천 명의 유대인이 목숨을 잃었다.

베드로가 이끄는 무뢰배는 남쪽으로 꺾어져 헝가리와 발칸 반도를 약탈해 굶주림을 면하고 콘스탄티노플에 드디어 당도했다. 황제는 당황했다!

- 이런 말을 써도 되는지 모르겠지만, 오 마이 갓!

알렉시우스는 괜히 고생하지 말고 돌아가라고 타일렀지만 그들은 콧방귀를 뀌었다. 하는 수 없이 배로 아시아까지 태워주었다.

- 튀르키예 놈들은 예수님도 안 믿는데 우리가 질 턱이 있어?
- 우린 뭐 무함마드 믿냐?

알렉시우스는 방향만 일러주고는 가버렸다.

- 일루 가면 물이 있고 절루 가면 물이 없네!
- 하하! 하느님만 믿는다니까요!

1099년 6월.
2년 동안의 행군,
논쟁, 전투, 질병,
탈영을 뒤로 하고
십자군은 마침내
예루살렘에 도착했다.
그것은 가히
기적이었다.

넉 달 동안 예루살렘을 포위하다가 가장 용감한 군인들 혹은 이슬람 군대가 사방의 우물을 막아놓은 바람에 물을 못 마셔서 환장한 군인들이 성벽을 타고 넘었다.

그리고 예루살렘에 살고 있던 비그리스도교도를 남자든 여자든 아이든 가리지 않고 닥치는 대로 죽였다. 적어도 4만 명이 죽었다.

이 학살극이 더욱 가증스러운 것은
사랑과 겸양과 용서를 가르치는
종교의 이름으로 자행된 것이었다는
사실은 굳이 덧붙일 필요가 없으리라.

잘못했어요.

예루살렘의 학살극은 이슬람 세계에 충격을 주었다. 복수를 외치는 시위대가 거리로 쏟아져 나왔다.

그러나 칼리프는 가난했고, 아랍인은 튀르키예인을 싫어했고, 튀르키예인은 자기네끼리 티격태격했고, (이집트에 있던) 다른 칼리프는 시아파였다. 아무도 돕겠다고 나서지 않았다.

그래서 십자군은 예루살렘에 눌어붙을 수 있었다. 그들은 그곳에서 영주 노릇을 하고, 그리스 정교 사제를 몰아내고 그 자리에 로마 가톨릭 신부를 앉히고, 거대한 성을 쌓고, 시리아와 팔레스타인에 봉건제를 도입하고, 심지어는 이슬람교도와 함께 사는 요령도 터득했다. 가끔은 평화로울 때도 있었다.

프랑스에서 온 방문자는 '토착화된 동료'를 보고 기겁을 했다.

비잔틴은 착잡했다. 영토의 일부는 되찾았지만 튀르키예는 여전히 제국을 위협했고 이제는 프랑크 군대까지 버티고 있어 마음이 편치 않았다. 최선의 방책은 모든 이웃과 냉정한 우호 관계를 유지하는 것이었다.

후방의 풍경

유럽의 가톨릭 신자들은 십자군을 성원했다. 십자군에 지원하는 사람도 해가 갈수록 늘어났다.

거기에는 그럴 만한 이유가 있었다. 우선, 십자군 전쟁에 나가는 사람이 여행 경비를 마련하기 위해 너도나도 재산을 처분했으므로 물가가 크게 떨어졌다.

이탈리아 선주들도 살판이 났다. 피사, 제노바, 베네치아를 거쳐 가는 군인과 물자가 크게 늘어나면서, 표가 없어서 못 팔았다. (가령 예루살렘을 포위하는 데 쓰인 목재도 운반선을 못 구해서 마지막 순간에야 겨우 제노바의 수송선에 실렸다.)

끝없는 전란에 시달리던 유럽의 농노도 우락부락한 군인이 모조리 유럽을 떠나니 안도의 한숨을 내쉬었다.

혈기왕성한 수컷들이 우르르 빠져나가자 유럽은 조용해졌다!

무엇보다도 십자군은 로마 가톨릭 교회의 권위를 드높였다. 그도 그럴 것이, 전쟁을 하자는 교황의 한 마디에 왕들이 찍소리 없이 응했던 것이다!

1096년의 교회는 교황의 졸개와 첩이 온갖 야비한 음모와 술수로 로마를 쥐고 흔들었던 900년대의 '문란한' 교회와는 확연히 달라져 있었다.

바로 한 세기 전만 하더라도 유럽 전역에서 방탕한 탁발 수도사는 귀부인과 껴안고 뒹굴면서 육욕을 마음껏 불살랐다.

별 볼일 없이 스러져간 교황들 중에서 단연 돋보이는 교황이 있었으니 바로 학자 교황 실베스테르 2세였다. 프랑스 오리야크에서 제르베르라는 이름으로 태어난 그는 수개 국어에 능통했고 여러 나라의 풍물을 잘 알았고 특히 수학에 재능이 뛰어났다.

교황이 되기 한참 전이었던 976년 제르베르는 (우리가 지금 사용하는) 아라비아 숫자를 이슬람교 치하의 스페인에서 배워 처음으로 그리스도교 세계에 소개했다.

주류 성직자는 실베스테르 2세를 싫어하여 마술사라고 불렀다. 더구나 그는 유대인이었다. 실베스테르 2세는 교황이 된 지 4년 만에 독살 당했고 아라비아 숫자는 200년 뒤에야 다시 그리스도교에 소개된다.

그리고 1000년대로 접어들면 아시아로부터의 공격도
뜸해졌다. (튀르키예는 유럽보다는 남아시아를 공략하는 데 힘썼다.)
교회는 유럽인끼리 자중지란을 벌이지 말자고 설득했다.

"화요일, 수요일,
목요일에만
싸워달라고, 지발!"

가톨릭 선교사들은 노르웨이인, 헝가리인, 덴마크인을
그리스도교로 개종시켰고 가톨릭 군대는 십자가를 앞세우고
이슬람교가 통치하던 스페인과 시칠리아로 쳐들어갔다.

"원조 십자군
이라고나 할까!"

로마에서는 교회의 부패를 일소하기 위한 개혁이
단행되었다.※ 그래서 11세기가 끝날 무렵이면 교황은
제법 잘 굴러가는 국제 조직을 다스리고 있었다.

"비결이랄
것까지야!"

도덕적 권위
+
상비군
=
십자군

교황 그레고리우스 6세는 1070년에 사제의 결혼을 금지하는 칙령을 발표했다. 처자식과 애인은 하루아침에 거리에 나앉을 판이었다!

"우리가 죽을
죄라도 졌소?"

당시에는 결혼하는 사제가 흔했지만 교회의 입장은 섹스란 (때로는 필요할지 몰라도) 기본적으로 더럽고 추잡하다는 것이었다. 사제는 자기 절제와 부정은 물론, 고행도 불사하면서 신도에게 '귀감'을 보여줄 필요가 있었다.

"자위도 못합니까?" "다음날 고해만 잘 하게."

그러나 교황에게는 또 다른 계산도 있었다. 결혼을 한 사제는 아들에게 교구를 물려주고 싶어 했다. 반면 교회는 모든 인사권과 재산권을 장악하고 싶었다. 독신 사제는 문제를 한꺼번에 해결했다.

"교황은 부모도 자식도 없습니까?"

220

십자군도 교회로서는
은근히 부담스러웠다.
십자군은 이슬람 세계에서
선진 문명을 보고 충격을 받았다!

겨우 수학, 과학, 농학,
건축학, 기계학, 조선,
지리학, 의학에서만
우리보다 앞섰네, 뭘…

목욕도…

이 못된… 고딕…

낡은 것은 가고 새 것이 밀려들었다!
건축가는 좀더 밝은 교회를 짓기
시작했다. 육중한 벽보다는 커다란
창을 가급적 많이 내고 그것을
지탱할 수 있는 구조물을 쌓아올렸다.
화려한 장식이 가미되었다.
경악한 고전주의자들은 이 새로운 건축
양식을 그 옛날 로마 문명을 유린했던
야만족 고트와 다를 바 없다고 해서
고딕 양식이라고 불렀다.

당시 한 이슬람 의원이
쓴 회상록에는 이런
일화가 나온다. 다리에 부상을 당한
프랑크인 환자의 환부를 정성껏
소독하고 붕대를 매주었더니 뒤늦게
프랑크인 의사가 도착했다.

비켜요, 비켜!

'프랑크 의사'는 절단하는 수밖에
없다면서 도끼를 번쩍 쳐들었다.

휙

떡

한 번에 안 되니까, 두 번… 세 번에
가서야… 다리가 떨어져나갔다.
환자는 즉사했다.

째려보면 어쩔 건데? 난 프랑스
최고의 나무꾼한테 배운 대로 한
죄밖에 없다고!

한편 '해방'된 스페인의 아랍 도서관에서는 2인 1조로 구성된 번역진이 열심히 책을 옮겼다. 유대인이 아랍어를 스페인어로 옮기면, 그리스도교인이 스페인어를 라틴어로 옮겼다.

하인과 노새가 프랑스로 힘들게 실어 나른 번역본은 학자와 사자가 재빨리 낚아챘다!

무슨 놈의 사상이 이리 무거운지.

그래서 내가 사상을 안 가지지.

가르칠 내용이 생기자 학교가 우후죽순처럼 생겼다. 시칠리아의 살레르노에는 의대까지 생겼다. 의대생들은 돼지를 해부했다.

왜 하필 돼지?

이슬람교도, 유대교도는 얼씬도 하지 말라고!

철학을 공부하려는 사람은 파리로 모여들었다. 수많은 교수와 학생이 정신을 탐구했지만…

피에르 아벨라르라는 유명한 신부 겸 교수는 똑똑한 소녀 여제자 엘로이즈와 육체도 탐구했다.

좀 깨달은 게 있어?

사람이 책보다 무겁네요.

이들은 아들을 낳아 아스트롤라베* 라고 이름 지었고 아벨라르가 사제 였으므로 몰래 결혼식을 올렸다.

훌륭한 학자가 되거라.

쳇! 누가 먹물 아닐까봐서!

* 아랍의 천문학 관측 기기

역시 사제였던 엘로이즈의 삼촌은 이 사실을 폭로했지만 엘로이즈는 한사코 부인했고, 삼촌한테 맞았다. 아벨라르는 그녀를 수녀원에 보냈고 삼촌은 사람을 보내 아벨라르를 고자로 만들었다.

차라리 잘 됐다. 공부나 열심히 하자.

엘로이즈는 아기를 포기하고 수녀가 되었다. 여러 해 뒤 아벨라르에게 편지를 보내 후회하지 않는다고 썼다. 아벨라르의 열정은 식어 있었다.

여기서도 12세기의 새로운 면을 엿볼 수 있다. 교육받은 여성이 있었다는 사실이다.

빙겐의 힐데가르트라는 수녀원장은 작곡을 했고 환상을 체험했으며 고관대작에게 설교를 했다. 또 약초 백과를 편찬했다.

아키텐의 엘레오노르는 프랑스의 루이 7세와 결혼하여 십자군 원정에도 동행했다. 어디를 가든 음유시인들을 데리고 다녔다.

음유시인은 짧은 사랑의 시를 노래로 만들어 불렀다. 우락부락한 괴물과 영웅이 나오는 『베오울프』 같은 서사시와는 분위기가 많이 달라졌다.

교회는 늘어나는 여성의 활동을 놀랄 만큼 부드럽게 수용했다. 엘로이즈는 수녀원장이 되었고, 엘레오노르는 교황의 허락을 받고 프랑스 왕과 이혼할 수 있었으며, 힐데가르트의 약초 백과에 나오는 피임약재에 아무도 딴지를 걸지 않았다.

십자군 때문에 유럽의 유대인은 살기가 더 고달파졌다.

십자군 전쟁이 시작되기 전까지만 하더라도 많은 유대인이 국제 무역에 종사했다. 그러나 1096년 이후로는 십자군 등쌀에 유럽의 후미진 뒷골목에도 발을 붙이기 어려웠다.

유대인 지도자들은 '선물'을 들고 이 나라 저 나라 왕을 찾아다니면서 보호를 요청했다.

아무렴, 도와드려야지.

유대인 공동체에서 모금한 돈

어느 왕이나 비슷한 조건을 제시했다. 앞으로 돈 문제는 유대인이 알아서 책임져달라는 것이었다. 유대인은 세리, 채권자, 금융업자로 발탁되었다. 왕은 자기 재산을 지키는 심정으로 유대인을 보호했다!

어차피 다 내 차지거든!

싫으면 떠나라고 되어 있네.

왕은 유대인이 땅을 갖거나 다른 직업을 갖는 것도 막았다. 유대인은 고리대금업에만 종사한다는 편견은 여기서 싹텄다.

악마 같은 놈! 돈 좀 꿔주라!

유대인에게 강제로 씌워졌던 요상한 고깔모자.

얼마 안 가서 유대인은 돈줄을 거머쥐었다. 잉글랜드의 경우 현금의 4분의 3을 유대인이 차지한 적도 있었다. 사람들이 곱게 볼 리 없었다.

이게 무슨 소린고?

별거 아닙니다, 전하.

1187년 리처드 1세의 대관식 때 런던에서 유대인이 대량 학살당했다.

유대인은 부자였을까? 겉으로는 그렇게 보였지만 법적으로는 유대인의 돈은 모두 왕의 소유였다. 왕은 유대인의 돈을 얼마든지 쓸 수 있었다.

끙! 전하로부터 우리를 지켜줄 사람은 누굽니까?

계약대로 할 뿐이네.

그럼 유대인을 빼놓고는 모두가
십자군 전쟁에 찬성했을까?

순결한 사람을 자처하는 카타르라는 그리스도교
이단 종파는 가톨릭교회, 십자가, 전쟁을 모두 반대했다.

카타르파의 믿음은 다음과
같았다. 물질계는 악마가 만든
것이라 악으로 똘똘 뭉쳤다.
하느님은 순전히 영적이다.
하느님으로부터 비롯된
예수는 물질이 아니므로
인간도 아니며, 따라서
당연히 십자가에서 죽은 것도
아니다. 그런 십자가를
숭배하는 것은 사형장의
올가미를 떠받드는 것처럼
어처구니없는 일이다.

십자가를 거부하는 이 그리스도교 종파는
11세기와 12세기에 프랑스에서 교세를 크게 넓혔다.
교회는 무언가 조치를 내려야 했지만,
뾰족한 수가 없었다.

카타르파는 원래
불가리아에서
유래했으므로 부그르파
또는 불가르파라고도 불린다. 그들이
궁극적으로 추구한 것은 육체를
벗어던지고 순수한 정신으로 올라가는
것이었다.

그래서 '불가르' 신자는 피임을 중시했고
임신 가능성을 줄이는 체위를 선호했다.
아이는 될수록 안 낳는 것이
좋다고 믿었다.

영어로 비역질을 뜻하는 bugger는
여기서 유래했다. 불가르 신도 곧 카타르
신도는 피임을 위해 뒤로 관계를
맺는 경우가 많았다.

2차 십자군

12세기 중반으로 접어들면서 새로운 인물이 등장한다. 콘스탄티노플에서는 매력적이고 지혜롭고 자신만만한 마누엘이 권좌에 오른다. 이라크에서는 신앙심이 깊으면서도 호전적인 모습의 아타베그* 장기가 십자군과 한판 승부를 벌이기로 마음먹는다.

* 총독에 해당하는 튀르키예의 칭호

마누엘의 입장에서는 장기도 써먹을 데가 있었다. 셀주크 튀르키예와 국경선을 맞대고 있었기 때문이다. 비잔틴 황제는 이슬람 진영을 교란시킬 절호의 기회가 왔다고 판단했다.

"적의 적은 동지라는 거 아닙니까!"

그러나 로마 교황의 입장에서 보자면 이라크의 장기는 철천지원수였다. 1142년 장기가 아르메니아를 공격해 프랑크로부터 도시 몇 개를 탈취했기 때문이었다. 십자군은 이때 처음 상당한 피해를 보았다.

"곱게 물러날 테니 고만 좀 따라와라, 이 찰거머리 같은 놈아!"

프랑스 가톨릭계의 실세였던 클레르보의 베르나르 수도원장은 보복을 하기 위해 십자군 원정에 나서야 한다고 프랑스의 샤를 왕과 독일의 콘라트 왕을 설득했다.

"두 분처럼 싸움 잘하고 잘생기고 하느님을 두려워하는 군주께서 설마 다 된 밥에 재를 뿌리는 녀석을 용서하지는 않으실 테지요?"

"그럼요" "그럼요"

사막에서 우산 팔아먹을 말주변

두 왕은 공주*와 비단과 음유시인을 가득 태우고 점잖게 콘스탄티노플에 도착했다. 마누엘 황제는 막 셀주크 튀르키예와 평화 협정을 맺었다.

"다 계산이 있어요. 예루살렘 성지에 여러분이 도착하면 장기는 셀주크랑 싸우느라고 정신이 없지 않겠어요? 그죠? 우리, 길게 보자고요. 믿어봐요."

* 프랑스의 젊은 왕비 아키텐의 엘레오노르도 물론 끼었다.

떠오르는 베네치아

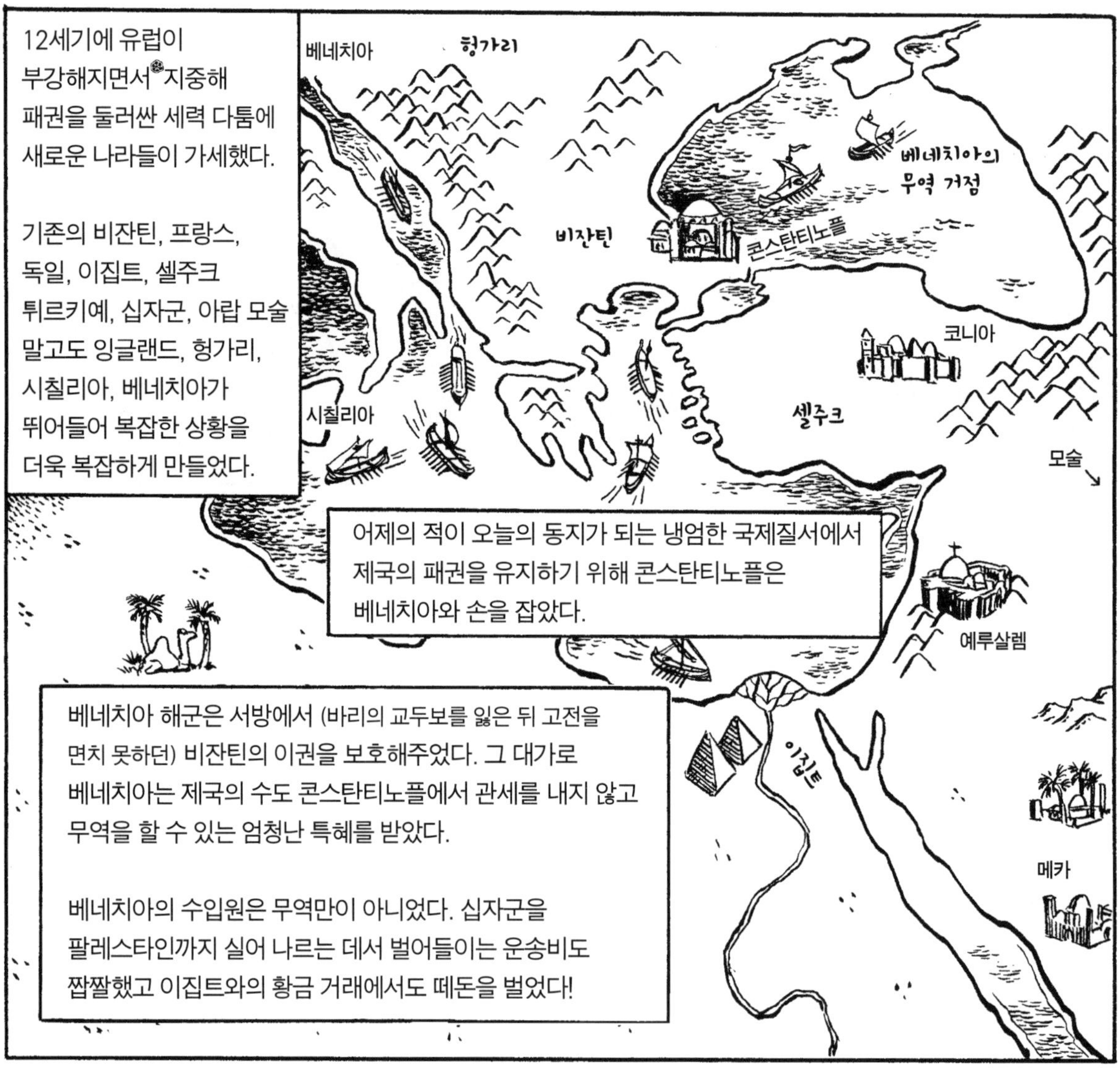

12세기에 유럽이 부강해지면서 지중해 패권을 둘러싼 세력 다툼에 새로운 나라들이 가세했다.

기존의 비잔틴, 프랑스, 독일, 이집트, 셀주크 튀르키예, 십자군, 아랍 모술 말고도 잉글랜드, 헝가리, 시칠리아, 베네치아가 뛰어들어 복잡한 상황을 더욱 복잡하게 만들었다.

어제의 적이 오늘의 동지가 되는 냉엄한 국제질서에서 제국의 패권을 유지하기 위해 콘스탄티노플은 베네치아와 손을 잡았다.

베네치아 해군은 서방에서 (바리의 교두보를 잃은 뒤 고전을 면치 못하던) 비잔틴의 이권을 보호해주었다. 그 대가로 베네치아는 제국의 수도 콘스탄티노플에서 관세를 내지 않고 무역을 할 수 있는 엄청난 특혜를 받았다.

베네치아의 수입원은 무역만이 아니었다. 십자군을 팔레스타인까지 실어 나르는 데서 벌어들이는 운송비도 짭짤했고 이집트와의 황금 거래에서도 떼돈을 벌었다!

유럽 대부분 지역에서 말은 부자나 가질 수 있는 사치품이었다. 말이 비싼 데는 이유가 있었다. 먹기만 하고 일은 못 부려먹었으니 아주 부자가 아니면 키울 엄두를 낼 수가 없었다.

— 벤츠가 안 부러워요.
— 억울하면 출세하자.

말에게 밭가는 일을 시키면 쟁기가 말의 숨통을 조였다. 쟁기는 말보다 훨씬 느려도 천상 소나 사람이 끌어야 했다.

— 지금 벤츠로 밭을 갈고 있는 거?

12세기경 유럽에서 말을 위한 목걸이가 발명되면서 일하다가 질식사하는 말은 없어졌다. 말도 밥값을 하게 되었다. 말은 소보다 3배나 빨리 일을 했으므로 너도나도 말을 키우기 시작했다!

— 새로 나온 벤츠 모델이거든요.

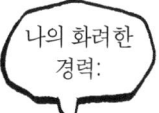

1171: 자신감을 얻은 마누엘은 베네치아의 특혜를 빼앗고 전쟁을 도발했다. 베네치아 해군은 전염병이 번지는 바람에 눈물을 머금고 철수할 수밖에 없었다.

1174: 모술의 총독이 죽는다. 아랍의 위협에서 벗어난 튀르키예는 비잔틴을 공격한다.

1176: 비잔틴 군은 미리오케팔론 전투에서 튀르키예 군에 궤멸당한다.

1180: 마누엘 사망. 칼로 눈을 도려내는 악습이 되살아난다.

1182: 그리스인의 혈통을 중시하는 세력이 마누엘의 후계자와 프랑크인 모후에게 반기를 든다. 반서방 폭동이 콘스탄티노플에서 일어나 프랑크인 1만 명이 살해당한다.

1183: 헝가리가 발칸 반도로 쳐들어간다.

1185: 시칠리아가 그리스로 쳐들어간다.

1187: 비잔틴 황실은 베네치아에 보석을 저당 잡히고 돈을 꾸는 신세가 된다. 콘스탄티노플은 해군을 완전히 포기한다. 비잔틴 제국은 쇠락의 길로 접어든다.

 한편 똑같은 시기 동방에서는…

"중세의 호걸 마침내 등장! 걔가 저예요!"

1146: 장기가 죽고 그의 아들 누레딘(신앙의 보석)이 아타베그, 곧 총독 자리를 물려받는다. 신앙심이 깊고 금욕적이었던 그는 25년 동안 통치하면서 십자군에 맞서 이슬람 진영의 대동단결을 부르짖었다.

1159: 누레딘이 마누엘과 평화 조약을 맺는다.(덕분에 마누엘은 안심하고 셀주크 튀르키예를 공격한다.) 그러나 십자군을 몰아내겠다는 꿈을 누레딘이 포기한 것은 아니었다. 그는 시아파가 장악하고 있던 이집트의 파티마 왕조부터 해치우기로 했다.

1170: 누레딘은 심복 유수프 이븐 아유브를 사령관으로 임명하여 이집트를 공격한다. 이집트의 흑인 연대를 잔인하게 학살하고 유수프는 이집트를 손에 넣는다.

1174: 누레딘 사망. 누레딘의 총애를 한몸에 받았던 유수프는 스스로 권좌에 오르기 위해 이집트를 떠나 아타베그의 영토를 야금야금 접수한다. 그리고 신앙의 수호자라는 뜻을 가진 살라딘으로 개명한다.

1187: 이집트, 이라크, 시리아, 쿠르디스탄(살라딘은 쿠르드인이었다)을 장악한 살라딘은 예루살렘으로 쳐들어간다.

"걔네들은 어차피 도움이 안 되거든!"

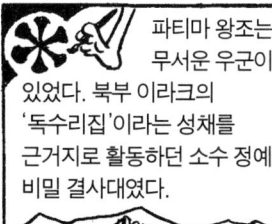
파티마 왕조는 무서운 우군이 있었다. 북부 이라크의 '독수리집'이라는 성채를 근거지로 활동하던 소수 정예 비밀 결사대였다.

'산중 노인'으로 불렸던 하산 사브라는 젊은이에게 마약을 먹여 여인과 음악과 별미가 준비된 정원에서 깨어나게 만들었다. 별천지가 따로 없었다.
"정신 없지?"

그러곤 젊은이에게 임무를 맡겼다. 하시시(마약)를 먹고 군중에 숨어 있다가 적에게 접근해 암살하는 것이었다.

이런 자객을 하시신(하시시를 먹는 사람)이라고 불렀고, 영어 assassin도 여기서 유래했다. 십자군은 하시신을 좋아했다. 왕조와 살라딘은 철천지 원수였기 때문이다!

"뿅 가네! 근데 십자군은 안 받아줘요?"

3차 십자군

살라딘의 군대가 다가오자 예루살렘 왕은 모든 십자군 국가의 기사에 동원령을 내렸다. 모두 2000명의 기사와 그보다 조금 많은 보병이 모였다.

프랑크 군대의 약점은 전략을 중시하기보다는 개인의 용맹을 앞세운다는 것이었다.

"숫자로는 도저히 게임이 안 되겠네. 머리를 써야 하지 않을까?"
"너나 실컷 써라!"
"좀 쪽팔리긴 하지만서도… 우리가 언제 머리로 살았냐?"
"죄송."

예상을 뒤엎고 십자군은 살라딘의 진지로 돌격했다. 살라딘 군대는 뒤에 갈릴리 바다가 버티고 있어 물이 있었던 반면 십자군은 물이 없었다. 폭염이 내리쬐던 1187년 7월 4일, 하틴이라는 산기슭에서 벌어진 전투에서 살라딘은 십자군을 궤멸시켰다.

10월 2일 이슬람 군대는 예루살렘으로 입성하여 개미 새끼 한 마리 죽이지 않았다.

"똑똑히 봤겠지? 그대들의 종교보다 나의 종교가 한 수 위라는 걸!"

이 소식이 로마에 들어가자 교황은 충격을 받고 그 자리에서 죽었다.

"허어, 생사람을 잡았네그려."

이번에는 세 왕이 십자군 원정에 나섰다.
독일의 프리드리히 왕은 도중에 익사하고
프랑스의 필리프 2세와 잉글랜드의
리처드 1세가 1189년 도착했다.

왕이 겨우 둘이야? 내 밑엔 한 트럭이다야!

그들은 항구가 필요했으므로
아크레를 포위했다. 온갖 수단을
다 써보았지만 이슬람 군은
완강하게 버텼다. 불결한 환경에서
전염병이 퍼져 병사들이 하나둘
쓰러지는 위기 상황에서, 십자군은
가까스로 아크레를 함락시켰다.

리처드 1세는 아크레 전투를
제외하고는 이렇다 할 전과를 거두지
못하고 1191년 철수했다.
필리프 2세는 그 전에 떠났다.
살라딘은 예루살렘을 여전히 장악했다.
3차 십자군 원정도 실패로 돌아갔다.

구경 한번 잘 했네.

귀로에 오른 리처드
1세를 오스트리아의
한 제후가 감금하여 몸값을 요구했다.
당시에는 이런 식으로 자금을 많이
조달했다.

허허, 이제야 나를 알아주는군.

전설에 따르면 이 즈음 잉글랜드에서는
로빈 후드가 이끄는 산적이 부자를
털어 빈민을 도와주고 있었다.

로빈 후드가 거두어들인 돈 가운데
상당액이 혹시 리처드 1세의 몸값으로
지불된 것은 아니었을까.

동지들! 폐하께서 오랜 감금 생활 뒤에 풀려나셨네!

투덜 투덜 투덜

4차 십자군

예루살렘을 잃은 유럽은 걸핏하면 십자군 바람에 휘말렸다. 1202년* 일부 십자군 기사들은 베네치아로 몰려가서 군대를 실어갈 배를 구입했다. 그들은 군인 3만 5000명과 말 5000마리를 너끈히 실어 나를 수 있는 배를 주문했다. 은화 8만 4000마르크의 배 값은 1년 뒤에 주기로 했다.

이어 기사들은 돈을 모으러 다녔지만 분위기는 예전 같지 않았다.

그들은 1203년 빈손으로 베네치아로 갔다. 하지만 배는 완성되어 있었다.

어디서 은화 8만 4000마르크를 구한단 말인가? 베네치아의 엔리코 단돌로 공작이 묘안을 내놓았다. 자기가 지휘봉을 잡겠다는 것이었다!

앞을 못 보는 장님에 85세의 늙은 노인의 입에서는 도저히 나올 수 없는 제안이었다.

1202년에는 중요한 사건이 또 있었다. 새로운 수학책 등장. 저자인 피사의 레오나르도, 일명 '피보나치'(보나치오의 아들)는 아버지가 무역업에 종사하던 북아프리카에서 수학을 배웠다.

피보나치의 책은 '셈판책'(당시 대부분 유럽인은 셈판으로 계산을 했다)이라는 제목을 달고 있었지만 실은 아라비아 숫자로 계산을 하는 방법을 처음으로 유럽에 소개한 책이었다.

유럽인은 아라비아 숫자를 서둘러 받아들였지만 셈판을 옹호하는 사람들은 하루아침에 사라지지 않았다. 아라비아 숫자 애용론과 셈판 애용론은 두 세기 동안이나 갑론을박을 벌였다.

프랑크 군대는 처음엔 점잖게 굴었다. '오직' 8만 4000마르크만을 요구했다. 하지만 아무런 대꾸가 없자 성질을 부리면서 적의 도시를 점령한 여느 군인과 다를 바 없이 불 지르고 죽이고 겁탈했다. 콘스탄티노플을 훤히 꿰뚫고 있던 베네치아인은 값나가는 노른자로만 골라 약탈을 해서 베네치아로 싣고 갔다. 이것들은 지금도 베네치아에 남아 있다.

프랑크인이 콘스탄티노플의 왕으로 등극했고, 베네치아는 제국의 8분의 3을 차지했으며, 나머지는 전쟁에 가담한 기사들이 나누어 가졌다.

바라던 것보다 훨씬 많이 얻었는데 기쁘지 않으세요?

왠지 억울해서리…

베네치아 공작은 빚을 갚은 것에 대해 십자군에게 고마움을 표했고 4차 십자군 원정은 여기서 끝났다.

예루살렘 성지까지 가야 하는 거 아니오?

왜요?

1260년 한 그리스 귀족이 콘스탄티노플을 되찾았지만 비잔틴은 이미 기울 대로 기울었다.

그래도 황제는 황제다 뭐…

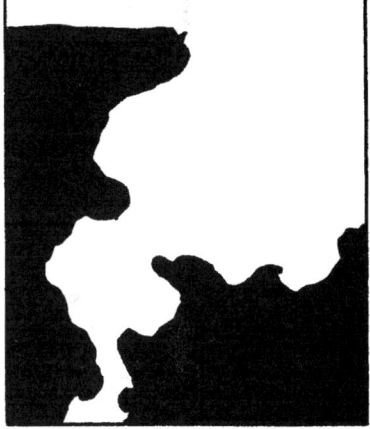

왕 중 왕, 칭기즈 칸

아주 먼 옛날 몽골에서 예수가이라는 왕자가 호엘룬이라는 신부를 납치하여 데리고 왔다. 예수가이의 일가친척은 어떤 이유에서인지 호엘룬을 싫어했다.

네 자식(둘은 호엘룬한테 둘은 다른 여자한테)을 두고 예수가이는 타타르족에게 독살당했다.

여자들은 미망인과 네 아이를 몰아냈다.

여러 해 동안 이 작은 가족은 황야에서 쥐를 잡아먹으며 살았다.

으이구 지겨워!

먹고 살기가 어려우니 모두들 신경이 곤두섰다. 호엘룬의 아들 테무진이 성질 포악한 이복 형을 죽이고 말았다.

말로 하니까 내가 딸리더라고요.

다음부턴 그러지 말아라.

테무진은 엄마의 충고에 따라 보르테라는 처녀의 집으로 가서 아버지가 살아 있을 때 약속한 대로 딸을 달라고 청했다.

보르테는 지참금을 가지고 왔다. 그것은 담비 가죽으로 만든 귀한 옷이었다.

테무진은 이번에는 아버지 친구의 집으로 가서 옷을 주고 대신 전사를 몇 명 얻었다.

테무진 일행은 여러 부족을 전전하다가 마침내 몽골에서 가장 세력이 큰 왕, 칸(왕 중 왕)의 밑으로 들어갔다.

"싸움을 워낙 잘해서 좀 꺼림칙하지만서도…"

테무진은 얼마 못 가서 왕 칸과 충돌하여, 그를 받들던 케레이트족을 공격하여 쳐부수고, 타타르족을 공격해 쳐부수고, 나이만족도 쳐부수었다.

"또 없나, 다 덤벼!"

콘스탄티노플이 약탈당한 지 2년이 지난 1206년 몽골의 온 부족이 모여 테무진을 지도자로 추대하고 칭기즈 칸으로 불렀다. (몽골인도 십자군처럼 목욕을 하지 않았다!)

하늘의 뜻이라! (대충 그런 뜻)

몽골의 전통에 따라 칸의 군대는 가장 가까운 부국이었던 중국을 약탈하기 시작했다. 몽골이 좋아한 것은 비단이었다.

하지만 진짜로 값나가는 물건은 모두 몽골에서는 보지 못한 높은 성곽으로 둘러싸인 도성 안에 있었다.

칭기즈 칸은 명령을 내렸다. 중국인 군사 기술자를 잡아다가 몽골 병사에게 탑, 파성기, 포, 땅굴, 폭약을 이용하여 성벽을 공격하는 방법을 가르치도록 만들었다.

1215년 마침내 몽골 군대는 북경으로 들어가서 마음껏 약탈을 했다.

칭기즈 칸은 해묵은 문제도 처리했다. 오랜 앙숙이었던 나이만족의 쿠치루크는 서쪽으로 달아나 왕처럼 행세하고 있었다.

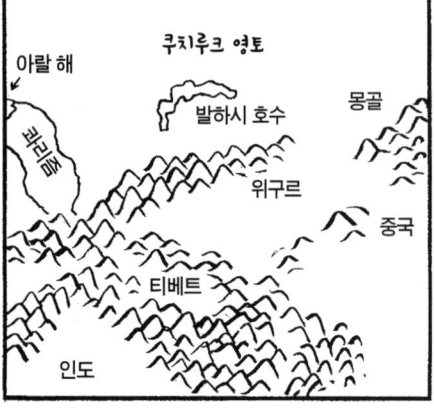

이 무렵 몽골은 아주 조직적이고 무장 상태도 우수하고 군기가 딱 잡힌 대군을 보유하고 있었다. 1218년 몽골 군대는 서쪽으로 향했다.

몽골 군대는 나이만족을 간단히 토벌했다. 덕분에 몽골 영토는 두 배로 늘어났다.

부하라, 사마르칸트, 발흐… 유서 깊은 도시가 잇따라 무너졌다. 몽골은 점령지에서 무차별 학살을 자행했다. 도시와 시민은 몽골에게는 짐만 될 뿐이었다. 발흐는 완전히 잿더미가 되었다. 몽골 군대는 무자비하게 사람을 죽였고 포로는 다음 도시를 공격할 때 인간 방패로 이용했다.

약탈이 끝나면 몽골 군대는 주민을 성 밖으로 불러 모은 다음 예술가만 추려냈다.

노형은 무슨 예술을 하쇼?

이제부터 할라구요!

예술가를 살려둔 것은 장식을 하는 데 부려먹기 위해서였다. 나머지 주민은 수백 명씩 따로 모은 다음 일정수의 군인을 붙여서 학살했다.

기회를 못 잡았을 뿐, 잠재력은 누구한테나 있는 게 아닐까요?

4년 동안 칭기즈 칸의 주력군이 콰리즘 남쪽에서 정복전을 벌이는 동안 또 다른 사단은 북부 이라크, 코카서스 산맥, 남부 러시아를 누비고 다녔다. 1225년 두 사단은 다시 만나 몽골로 돌아왔다.

이것은 시작일 뿐이었다.

칭기즈 칸은 위구르 장군의 제안에 솔깃하여 이때부터 파괴에서 점령과 지배로 정책을 바꾸었다.

발상의 전환이었다!

새로 칸이 된 칭기즈 칸의 셋째아들 오고타이는 다시 정복 전쟁에 나서서 서쪽으로는 러시아, 폴란드, 헝가리로 군대를 보내고, 밑으로는 이란을 치고, 동쪽으로는 중국과 멀리 고려까지 점령했다.

1241년 오고타이가 죽자 잠시 주춤해졌다. 지휘관들은 후계자를 뽑기 위해 몽골로 돌아갔다.

온 세계는 몽골의 다음 칸이 결정되기를 숨죽이고 기다렸다. 오고타이의 부인 토레게네는 그리스도교인*이었는데 1246년 아들 구유크를 칸으로 만들었다. 그러나 구유크는 얼마 안 가서 병으로 죽었고 1251년 칭기즈 칸의 장손이었던 몽케가 그 자리를 물려받았다.

멀리는 파리와 로마에서까지 사절단이 몽케의 즉위를 축하하러 왔다. 사절단은 각별한 청이 있었다.

도와줘요!

고립되어 있던 중세 암흑기의 유럽에는 미지의 땅에서 프레스터 존이란 그리스도교인 마법사가 부유한 왕국을 통치하고 있다는 풍문이 떠돌았다. 몽골에 도착한 유럽인들은 몽골의 지배자가 바로 그 사람이라고 확신했다.

실제로 그리스도교는 이미 아시아까지 파고들었다. 서유럽에서는 이단으로 배척받았던 네스토리우스파 선교사가 수많은 몽골인을 그리스도교인으로 개종시켰다. 그래서 몽골의 칸들은 조지나 마크 같은 이름도 있었다.
(하지만 존은 없었다)

혹시 미스터 존을 모르시나요?

미스터 김은 아는데요.

오고타이의 부인도 그리스도교인이었다. 그렇지만 몽케의 종교관은 뚜렷했다.

종교들은 말하자면 손가락과 같지만 그래도 손바닥은 엄연히 불교라 이거야!

나는 새끼 손가락?

훌라구, 바드다드 입성

그래서 칼리프를 거적에 둘둘 말아 말발굽으로 짓밟아 죽였다. 이때부터 이슬람 세계는 단일 지도자를 영영 갖지 못한다.

내친걸음에 시리아까지 쳐들어갔다. 십자군은 희희낙락하면서도 몽골 군대의 비위를 거스르지 않으려 조심했다.

다들 힘내!

이집트 공격을 준비하던 훌라구에게 흉보가 날아들었다. 형 몽케가 사망한 것이다. 훌라구는 새로운 칸을 뽑으러 서둘러 돌아가야 했다. 그는 일부 병력만 남겨두고 철수했다.

명심하라. 우리 사전에 패배란 없다!

남은 몽골 군대는 1260년 이집트의 역습을 받고 무너진다.

훌라구 각하, 저희가 신조어를 만들었습니다!

몽골 세력을 몰아낸 이집트는 해안 도시의 마지막 십자군 잔여 세력을 쓸어버렸다.

십자군 국가들은 이렇게 막을 내렸고 몽골의 서유럽 진출도 여기서 끝났다.

훌라구우우우우~

쿠빌라이, 중국을 정복하다

쿠빌라이는 몽골의 천막생활을 포기하고 북경의 궁전으로 들어와 중국 황제의 호사스러운 생활을 한껏 누렸다. 남송과도 다시 전쟁을 벌였다. 양쪽 모두 대포를 사용한 세계 최초의 전쟁이었다. 전쟁은 18년을 끌었고, 수백만 명이 죽었다. 결국 쿠빌라이는 중국을 모두 정복했다. 기존의 영토까지 포함하여 몽골은 역사상 가장 큰 제국으로 발돋움했다.

편한 거 찾다가 망한다고 칭기즈 할아버지는 입버릇처럼 말씀하셨지만, 좋기만 하네요 뭐!

몽골은 일본도 두 번이나 쳐들어갔지만 풍랑과 서툰 항해술로 실패했다.

꼬르륵 꼬르륵 꼬르륵

일본은 날씨의 도움으로 몽골에게 정복당하지 않았다.

그러나 몽골과 싸우는 과정에서 나라 살림이 거덜 나 왕실이 무너졌다. 군벌들 사이에서 내전이 벌어지다가 마침내 한 군벌이 일본을 평정했다. 이 쇼군과 수하의 사무라이들은 옛날처럼 부드러운 언변이 아니라 힘으로 세상을 다스렸다.

덤벼, 씨!

중국은 몽골의 지배를 어떻게 헤쳐 나갔을까? 보는 관점에 따라 다르다. 중국에서 20년 동안 살았던 베네치아 출신의 마르코 폴로® 같은 외국 상인에게 중국은 별천지였다. 폴로는 번잡한 교통, 온갖 종류의 상품, 지폐, 빠른 우편배달을 보고 깊은 인상을 받았다. 한마디로 중국은 돈 버는 기계였다! 반면 중국인 시각에서는 야만족 지배층, 인종 차별, 물가고, 중국의 국부를 빼돌리는 외세에 대한 반발심이 강하게 드러난 시대였다. 전쟁에서 수없이 죽어간 목숨도 중국인은 잊을 수가 없었다.

마르코 폴로는 중앙아시아의 한 여각에서 받았던 잊지 못할 환대도 소개한다. 그곳 사람들은 외지에서 상인이 오면 집으로, 그러니까 안방 침대로 모셨다.

제 부인을 소개합니다!

그 답례로 상인은 고급 옷감이나 장신구를 내놓는 것이 관행이었다.

상인이 다시 길을 떠나면 주인 내외는 받은 옷감을 자랑하면서 이렇게 비아냥거렸다고 폴로는 술회한다.

우린 이런 좋은 옷감을 얻었는데 댁은 뭘 얻었소?

추억과 빈대?

몽골 조정에 들어갈 기회를 얻지 못한 중국 학자들은
음풍농월을 하면서 세월을 보냈다.

팍스 몽골리카

1200년대 말에서 1300년대까지 몽골의 지배 아래 유라시아는 평화를 누렸다. 각국의 역사를 짤막하게 간추리면:

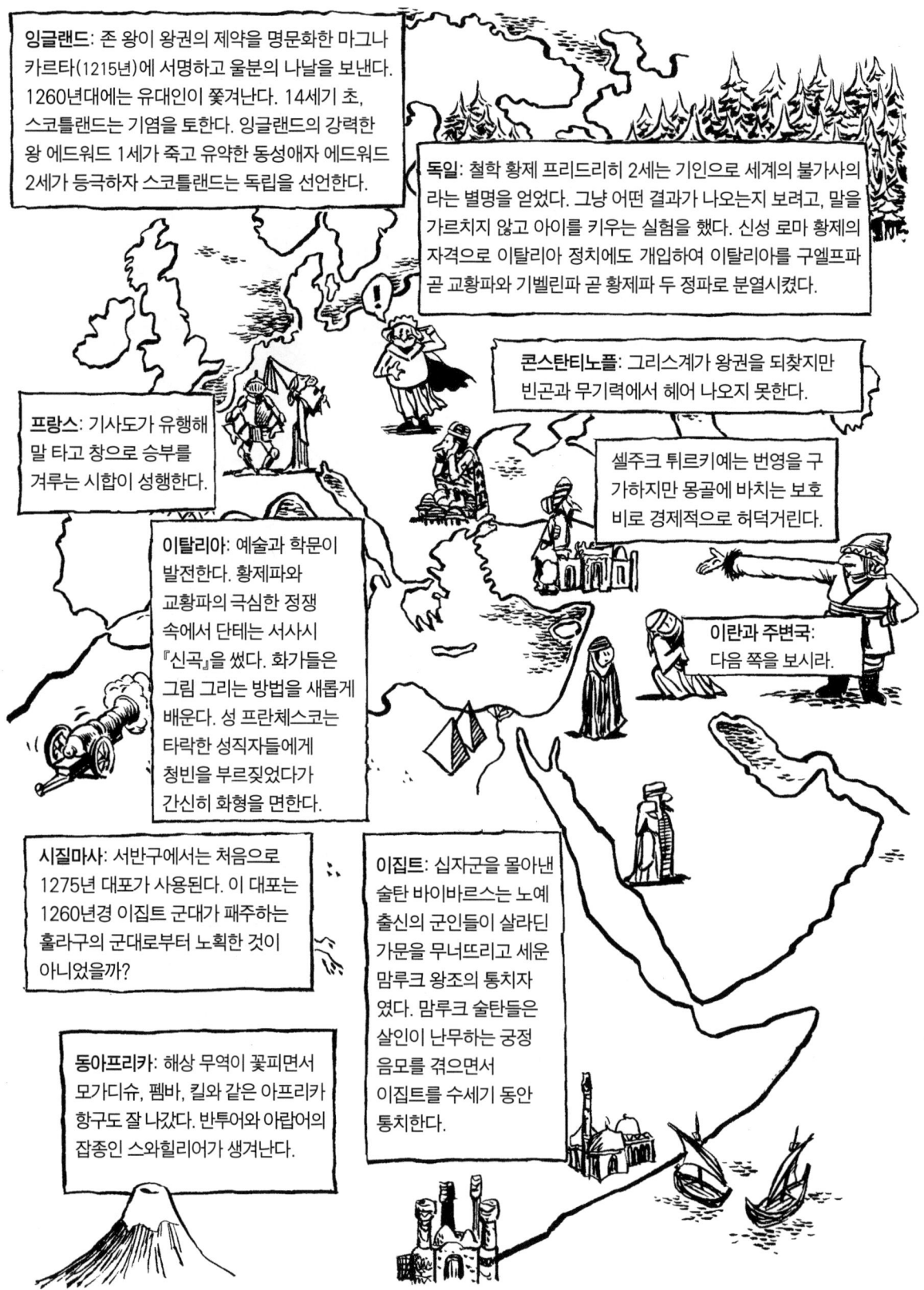

잉글랜드: 존 왕이 왕권의 제약을 명문화한 마그나 카르타(1215년)에 서명하고 울분의 나날을 보낸다. 1260년대에는 유대인이 쫓겨난다. 14세기 초, 스코틀랜드는 기염을 토한다. 잉글랜드의 강력한 왕 에드워드 1세가 죽고 유약한 동성애자 에드워드 2세가 등극하자 스코틀랜드는 독립을 선언한다.

독일: 철학 황제 프리드리히 2세는 기인으로 세계의 불가사의라는 별명을 얻었다. 그냥 어떤 결과가 나오는지 보려고, 말을 가르치지 않고 아이를 키우는 실험을 했다. 신성 로마 황제의 자격으로 이탈리아 정치에도 개입하여 이탈리아를 구엘프파 곧 교황파와 기벨린파 곧 황제파 두 정파로 분열시켰다.

콘스탄티노플: 그리스계가 왕권을 되찾지만 빈곤과 무기력에서 헤어 나오지 못한다.

프랑스: 기사도가 유행해 말 타고 창으로 승부를 겨루는 시합이 성행한다.

셀주크 튀르키예는 번영을 구가하지만 몽골에 바치는 보호비로 경제적으로 허덕거린다.

이탈리아: 예술과 학문이 발전한다. 황제파와 교황파의 극심한 정쟁 속에서 단테는 서사시 『신곡』을 썼다. 화가들은 그림 그리는 방법을 새롭게 배운다. 성 프란체스코는 타락한 성직자들에게 청빈을 부르짖었다가 간신히 화형을 면한다.

이란과 주변국: 다음 쪽을 보시라.

시질마사: 서반구에서는 처음으로 1275년 대포가 사용된다. 이 대포는 1260년경 이집트 군대가 패주하는 훌라구의 군대로부터 노획한 것이 아니었을까?

이집트: 십자군을 몰아낸 술탄 바이바르스는 노예 출신의 군인들이 살라딘 가문을 무너뜨리고 세운 맘루크 왕조의 통치자였다. 맘루크 술탄들은 살인이 난무하는 궁정 음모를 겪으면서 이집트를 수세기 동안 통치한다.

동아프리카: 해상 무역이 꽃피면서 모가디슈, 펨바, 킬와 같은 아프리카 항구도 잘 나갔다. 반투어와 아랍어의 잡종인 스와힐리어가 생겨난다.

이제 몽골은 기술과 야채 같은 문명의 결실에 맛을 들였다. 이 평화로운 시기에 아시아와 유럽은 수많은 문물을 교류했다. 종이, 시계, 화약과 대포, 나침반, 선박용 키가 서양으로 전파되었다. 복숭아, 장미, 오렌지, 육두구, 계피, 생강도 소개되었다.

수많은 유럽인이 중국 땅을 밟았지만 마르코 폴로만이 돌아가서 책을 썼다. 이슬람교도 중에도 위대한 여행가가 있었다. 북아프리카 출신의 이븐 바투타는 동아프리카와 서아프리카, 아라비아, 인도, 동남아시아, (아마도) 중국을 여행했다. 이 사람의 여행기를 읽어보시기를!

말리, 가진 것은 황금뿐

그 무렵 서아프리카에도 어마어마하게 큰 제국이 있었다.
1200년대 중반 이슬람교를 믿는 말린케족이 니제르 강 북판의
거대한 왕국을 정복했다. 이것이 말리였다.
말리는 황금으로 덮인 나라였다.

말리를 세운 순디아타
(1250년까지 재위)와 그 후계자들은
금을 착실히 모았다. 그러나
그의 조카 만사 무사(모세 왕)는
이것을 흥청망청 쓰기
시작했다.

1324년 만사 무사는 메카로 순례를 떠났다.
수천 명의 사람과 수없이 많은 낙타가 산더미 같은 짐과 물 자루,
넉넉한 황금을 잔뜩 짊어지고 요란하게 사하라 사막을 가로질렀다.
그것은 일대 장관이었다!

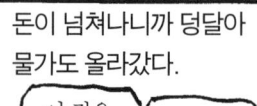

6
암흑 속에 핀 꽃의 도시

1330년 무렵 서유럽에서는 이미 학문이 부활하는 조짐이 보였다. 사방에서 대학이 문을 열었고 상업과 경제도 발전했으며 동양에서 인쇄본, 아라비아 숫자, 총포, 시계 같은 새로운 문물과 지식이 들어왔다. 그러나 시계는 들어왔어도 아직 유럽의 시대는 오지 않았다.

그 이유는 세 대륙을 강타한 페스트라는 전염병 때문이었다. 요즘 같으면 상상도 못할 일이다. 전염병이 대수인가 할지 모르지만 전염병은 역사를 바꿀 수 있다. 바로 페스트가 그랬다. 페스트 때문에 유럽의 르네상스는 한 세기가 늦어졌다. 몽골은 중국에서 쫓겨났고 튀르키예는 손쉽게 유럽으로 들어왔다. 자연히 유럽인은 서쪽으로 뻗어나갈 수밖에 없었다.

1300년을 전후하여 한 세기 가까이 지구는 '소빙하기'를 맞이했다.
겨울은 더 춥고 길어졌고 동물은 추위를 피하여 사방으로 이동했다. 지금은 지구가 점점 더워져
동물은 기온이 낮은 산간이나 극지방으로 이동한다. 그 당시에는 소빙하기였으니까 거꾸로
극지방이나 고지대에서 인간이 사는 좀더 따뜻한 문명세계로 몰려왔다.

14세경 덴마크의 한 주교가 서류를 뒤지다가 그린란드에서 온 옛날 편지를 발견하고 문득 그곳으로 간 바이킹 정착민이 어떻게 되었는지 궁금했다.

소빙하기의 추위는 바이킹 정착민에겐 치명적이었다. 가축이 굶어죽고 얼어 죽으니 사람도 살아남을 수가 없었다. 마지막으로 남은 사람들도 이웃 이누이트족과의 싸움에서 모두 죽고 말았다.

바이킹은 모두 죽었는데 이누이트는 어떻게 살아남았을까? 바이킹은 목축 외에 살아갈 방도를 몰랐다. 반면 이누이트족은 카약이라는 날렵한 배를 타고 다니면서 물고기도 잡고 물개도 잡아먹었다.

유람도 하고 사냥도 하고 얼마나 좋아!

쫓겨나는 몽골, 세계를 누빈 정화함대

이렇게 이동하던 쥐의 피 속에 페스트균이 들어 있었다. 쥐의 몸에 살던 이와 벼룩이 쥐를 물어뜯으면 균까지 묻어 들어갔다. 쥐가 따뜻하고 아늑한 민가의 부엌으로 이동하면 이와 벼룩은 훌쩍 뛰어내려서 사람을 물어뜯었다. 이렇게 해서 흑사병이 퍼지기 시작했다. 흑사병에 걸리면 기침을 하다가 얼마 안 가서 싸늘한 시신으로 변했다.

흑사병은 1330년대 인도에 처음 나타나 곧 중국으로 퍼지더니 순식간에 수백만의 목숨을 앗아갔다.

흑사병은 불공평했다. 어떤 마을은 살려두는가 하면 어떤 마을은 전멸시켰다. 어떤 집안은 멀쩡한데 어떤 집안은 몰살당했다. 악당은 살려두고 착한 사람은 죽였다. 도무지 이해가 안 가는 전염병이었다!

집안 식구가 모두 죽으면 유산을 물려받을 사람도 없었다. 생존자들은 마음대로 물건을 집어 들어 나왔다. 흑사병 덕분에 팔자를 고친 사람도 있었다!

난 아무래도 흑사병 체질인가 봐!

병균은 살아 있는 숙주가 있어야 살 수 있다. 그래서 병균은 병에 걸린 사람이 죽는 걸 안 좋아한다. 치사율이 높으면 병균한테는 오히려 안 좋은 것이다.

전염병의 초기 단계에서는 가장 허약한 사람과 가장 지독한 병균이 같이 죽어버린다. 살아남은 사람은 그만큼 저항력 강한 사람이고 살아남은 균은 그만큼 위력이 약하다. 시간이 흐를수록 전염병의 파괴력이 약해지는 것은 이 때문이다.

강적이다!

치사율은 병균이 죽은 숙주에서 살아 있는 숙주로 얼마나 신속하게 이동할 수 있는지에 따라서도 좌우된다. 위생 시설이 좋아서 시체를 깨끗이 처리할 수 있으면 병균은 새로운 숙주를 찾는 데 애를 먹다가 결국 죽는다. 그래서 공중위생은 악성 전염병을 막아주는 일등 공신이다.

하수구가 바로 명의란 소리군!

역병은 드디어 기세가 꺾였다. 출생률이 사망률을 다시 앞질렀다. 새 황제는 자금을 만들 수 있는 묘안을 떠올렸다.

황제에게는 사람이 살지 않는 드넓은 땅이 있었다. 몽골인이 칸의 사냥터로 '비워둔' 땅이었다.

황제는 이 땅을 잘게 쪼개어 농민에게 팔기로 마음먹었다.

"특별히 조심해야 할 맹수는 없는가요?"

"묻지 마, 다쳐!"

토지 분배로 중국 인구는 빠르게 늘어났고 국가 재정도 튼튼해졌다.

"누이 좋고 매부 좋고!"

주체하지 못할 만큼 많은 돈이 들어왔다. 이 많은 돈을 어디에 쓸 것인가 갑론을박이 벌어졌을 것이다.

"제국 레스토랑 체인을 엽시다."
"비행접시."
"세계에서 제일 큰 전족 조각상."
"제가 봐둔 부동산이 좀 있거든요."

환관이었던 정화*는 대규모 함대를 만들자고 제안했다. 이 함대를 몰고 세계 만방을 누비고 다니며 중국의 위력을 과시하자는 것이었다.

"잠깐! 그 돈이면 올림픽을 개최하는 게 더 실속 있지 않을까?"

* 정화의 아버지는 이슬람교도였다.

함대가 들렀다 간 곳에는 어김없이 중국 상인과 대리인이 남아 정착했다.

중요한 무역 거점으로 발전한 정착지도 있었다.

아무리 만화지만 이런 뻥은 너무 심하지 않소!

한편 중국에서는 '몽골 사냥터'를 깨끗이 팔아치웠다. 이제는 돈이 들어올 곳도 없었다.

휴~ 고향 갈 배표도 날아갔구나.

황제는 현실을 직시했다. 원양 함대는 돈을 쓸 줄만 알았지 벌 줄은 몰랐다.

묘안이 없겠는가?

정화를 잡아들이소서!

튀르키예의 유럽정복

한편 멀리 서쪽에서는 몽골의 황금 군단이 몽골 영토에서 장사를 하고 있던 이탈리아 세력과 전쟁을 벌이고 있었다. 칸이 무섭게 몰아치자 베네치아, 제노바, 피사 연합군은 크림 반도에 있던 제노바의 항구 도시 카파로 피신했다. 몽골 군대는 이 도시를 포위했다. 1346년 몽골 진영에서 흑사병이 발병했다.

전쟁터에서는 시체를 처리하는 것이 늘 골칫거리다. 이번에는 누군가가 묘안을 떠올렸다.

몽골 군대는 병균이 득시글거리는 시체를 투석기로 요새 안으로 쏘아 올렸다.

이탈리아인은 비잔틴 제국의 초라한 재산을 놓고 반란을 일으킨 장군이 내전에서 승기를 잡았을 무렵에 도착했다.

우리도 거들었수다!

이 내전에서 튀르키예의 무장한 군사들도 아시아에서 유럽으로 건너왔다. 튀르키예의 토후가 사돈이었던 반란군 지도자의 요청을 받고 지원군을 보낸 것이다.

비잔틴 제국의 여제는 결국 패배하고 장군이 황제로 등극했다. 전염병은 이탈리아인에 묻혀왔다. 1347년 말까지 콘스탄티노플 인구의 절반 이상이 죽었다.

내 탓이오.

튀르키예인은 유럽에 눌러앉기로 마음먹었다. 비잔틴은 튀르키예 세력을 몰아낼 수 있는 힘이 없었다!

몸조리나 잘 하셔!

전염병은 생존자의 심리에도 영향을 미쳤다. 2년 뒤인 1349년 비잔틴과 제노바가 전투를 벌일 때였다.

비잔틴 해군은 잘 아는 해역으로 항해했다. 무장 군인들은 평소처럼 갑판 위에 줄지어 서 있었다.

사건이 발생한 것은 그때였다. 파도가 뱃전을 때렸는지 요란한 충격음이 들렸다. 신경이 예민할 대로 예민해진 비잔틴 해군은 너도나도 바다로 뛰어들었다!

튀르키예인에게 흑사병은 하늘의 선물이었다. 흑사병은 그리스인으로 바글거리던 도시들을 휩쓸었지만 시골은 피해 갔다. 튀르키예 군대는 시골에 진을 쳤다.

1354년 하늘은 또 다른 선물을 보냈다. 대지진이 비잔틴 제국의 도시들을 허물어뜨렸다.

이제 튀르키예 군대는 가족까지 유럽으로 불러들였다.

비잔틴 황제는 돌아가 달라고 사정했지만 튀르키예인은 하늘의 선물을 뿌리치는 것은 도리가 아니라고, 하느님을 모독하는 것이라며 버텼다.

당시의 비잔틴 황제 요한네스 칸타쿠제누스는 수도원에 들어가서 회고록을 썼다. 이 회고록은 그의 수염과 구구한 변명만큼이나 길었다.

이렇게 해서 흑사병에 편승한 튀르키예의 유럽 정복이 시작되었다!

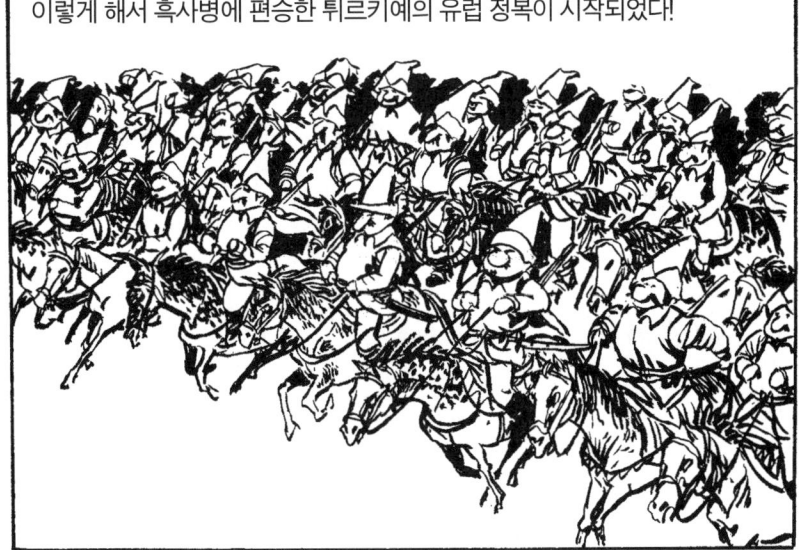

14세기에는 튀르키예를 오토만 또는 오스만 튀르키예라고 불렀다. 이 시대의 튀르키예 술탄은 모두 부르사의 토후였던 오스만의 후손이었기 때문이다. 오스만 튀르키예는 세르비아인, 알바니아인, 마케도니아인, 불가리아인, 이탈리아인, 프랑크인이 그때그때 편을 달리하여 이전투구를 벌이던 발칸 반도를 서서히 장악했다.

1389년 세르비아는 지도부의 갈등으로 코소보 전투에서 오스만 군대에 패했다. 1390년까지 오스만 제국은 콘스탄티노플만 제외하고 옛날 비잔틴 제국의 영토를 거의 장악했다.

코소보 전투에서 오스만의 술탄 무라드가 전사하고 바예지드가 술탄으로 등극했다. 바예지드는 형제들을 어떻게 대우할 것인가를 놓고 고민에 빠졌다.

"높은 자리 하나씩 안겨줘서 호시탐탐 내 자리를 넘보고 잔소리하게 만들 것이냐?"

바예지드는 왕실에서 일어나는 형제의 불화는 국론 분열과 내전으로 치달을 수 있다는 것을 알고 있었다. 그것은 바예지드가 원하던 바가 아니었다!

"멀리 변방으로 보내 나도 모르는 곳에서 음모를 꾸미게 만들 것이냐?"

결국 그는 형제들의 목을 졸라 죽이라는 명령을 내렸다. 이것이 선례가 되어 그 뒤의 술탄들도 자기네 형제에게 똑같은 짓을 했다. 그리고 이 관습은 급기야는 법으로 명문화되었다. 물론 술탄에게만 적용되었지만!

"겨우 열아홉 명만 죽이면 되는데 뭐 어때!"

천하를 평정한 오스만은 다문화 제국을 유지하면서 모든 민족의 정체성을 존중했다.

그렇다고 반드시 너그러운 것은 아니었다. 가령 술탄을 지키는 정예군은 그리스도교를 믿는 소년으로만 충원했다.

술탄의 징병관은 2년마다 방방곡곡을 돌아다니면서 어린 소년을 부모와 생이별시켰다.

소년들은 술탄의 개인 노예로 규율 엄한 학교에서 군사 훈련을 받고 이슬람교도로 성장했다.

노예로 구성된 이런 부대를 예니체리라고 불렀다. 예니체리는 오직 술탄에게만 충성을 바치는 정예군이었다.

예니체리와 정규군 말고도 술탄은 적진으로 먼저 쳐들어가 약탈을 하고 민간인에게 공포 분위기를 만드는 바시 바조우크라는 돌격대를 거느렸다.

다문화의 존중 여부와는 상관없이 오스만의 통치는 발칸의 여러 민족을 자극했다. 그 앙금은 600년이 지난 지금까지도 남아 있다.

1389년 세르비아가 코소보 전투에서 패하자 헝가리 왕은 다음은 자기 차례가 될 것 같아 오금이 저렸다. 가톨릭신도였던 그는 교황에게 십자군을 보내달라고 애걸했다. 그래서 이야기는 다시 서유럽으로 넘어간다.

빛바랜 기사도

1300년대에 서양 그리스도교 세계는 이렇다 할 어려움이 없었다. 말이 밭을 갈기 시작하면서 농업의 생산성은 높아졌고 자연히 인구도 늘었다. 사람들은 농사를 짓고 땔감을 얻기 위해 늪을 메우고 나무를 베었다. 돈이 넘쳐나고 도시는 흥청거렸고 사람들로 바글거렸다.

이런 변화에도 귀족은 장원제의 특권을 여전히 고집했다. 특히 왕권이 약하던 프랑스에서는 공작이나 백작 같은 봉건 영주가 더욱 우쭐거렸다. 갑옷은 더 무거워지고 태도는 더 기고만장해졌다. 십자군 원정에서 그렇게 판판이 깨졌으면서도 그들은 자기네가 세상에서 싸움을 제일 잘한다고 철석같이 믿었다.

꼬우냐?

하지만 아무리 잘난 기사도 가끔은 현실을 돌아볼 필요가 있었다.

1340년 잉글랜드의 에드워드 3세는 자기 어머니가 프랑스 공주였으니 프랑스는 자기 것이라고 주장하면서 프랑스로 쳐들어갔다. 이것이 백년전쟁의 발단이다. 물론 백년전쟁이라는 것은 후세 사람들이 붙인 이름이다.

여봐라! 지금부터 6개월 전쟁을 개시한다!

에드워드는 전략과 전술, 규율을 중시하는 무인이었다. 반면 자신감이 넘치던 프랑스 귀족은 이런 것을 깡그리 무시한 채 싸울 궁리만 했다!

궁수대가 앞으로 나서라!

기병대는 왼쪽 측면을 맡도록!

적이 물러서면 추격한다! 미주알고주알...

그 결과 프랑스는 1346년 크레시 전투에서 완패하고 말았다.

좀 더 멋있게 쓰러졌어야 하는데...

〈브레이브 하트〉는 에드워드 3세의 부모 이야기다. 동성애자였던 에드워드 2세는 프랑스 공주인 왕비에게 도통 관심을 안 보인다. 왕비는 스코틀랜드를 여행하다가 덜컥 멜 깁슨의 아기를 밴다.

심심하면 요기다 뽀뽀나 해요.

하지만 그건 어디까지나 영화이고 실은 공주가 잉글랜드로 처음 왔을 때는 영화배우 멜 깁슨은 당연히 태어나지도 않았다. 그러니까 에드워드 3세는 에드워드 2세의 친아들일 가능성이 높다.

나도 헷갈리네...

하지만 에드워드 2세는 영화에서처럼 동성애자였고 실제로 애인을 살해했다. 물론 영화에서처럼 창밖으로 던져 죽인 것은 아니다. 영국 극작가 말로가 쓴 『에드워드 2세』에 그 끔찍한 내용이 자세히 적혀 있다.

왜 죽이는 겁니까?

그림이 좋잖아!

사업가와 겨뤄야 하는 봉건 영주도 나름대로 '합리화' 방안을 모색했다.

농노를 부리는 데는 생각보다 비용이 많이 들었다. 비록 뼈 빠지게 일했어도 농노는 노예와는 달리 토지 점유권이 있었고 봉건제 아래에서는 영주도 지켜야 할 까다로운 의무가 적지 않았다.

뜨내기로 살다가 런던 시장이 된 딕 휘팅턴처럼 자유를 절호의 기회로 삼은 사람도 있었지만 대부분 농노는 걸인으로 전락했다.

그동안 잉글랜드와 프랑스는 틈만 나면 싸우다가도 두 나라에서 모두 민란이 일어나면 잠시 '타임아웃'을 가졌다.

1389년은 코소보 전투가 벌어진 해였다. 튀르키예가 살금살금 다가오자 교황—실은 두 교황※—은 십자군을 모집했다.

1396년 1000명의 프랑스 기사 (1차 십자군 때의 10퍼센트 수준)는 6만 헝가리 병사가 기다리는 헝가리로 떠났다.

헝가리 군대는 신중하라고 조언했지만 프랑스 기사들은 들은 척도 안 했다. 불가리아의 니코폴리스에서 튀르키예군과 만난 우리의 잘난 기사단은 적진으로 돌격했다.

몇 시간 동안 신나게 적을 벤 프랑스 기사들은 눈에 보이는 것이 없었다.

1309년 친프랑스파였던 교황 클레멘스 5세는 로마의 폭도를 피해 교황청을 프랑스로 옮겼다. 1377년 교황 그레고리우스 11세는 교황청을 다시 로마로 옮겼지만 프랑스는 고집스럽게 교황을 따로 뽑았다. 그래서 교황이 둘이었다.

1414년 갈등을 봉합하기 위해 주교단이 모였다. 그들은 교황보다 교회가 먼저 생겼으므로 교회는 교황을 '해임'할 수 있다고 선언했다. 주교단은 또 교황은 완전한 존재가 아니므로 실수도 저지른다고 덧붙였다.

1418년 주교단에서 새 교황을 선출하면서 2인 교황시대는 막을 내렸지만 교황의 권위는 땅에 떨어졌다. 교황의 실수를 교회가 공식 인정한 것이다. 하지만 1870년 새로운 공의회가 열려 교황의 무오류성을 부활시켰다.

잉글랜드와 프랑스는 다시 붙었다. 늙은 기사들은 죽고 새로운 세대가 싸움의 주역으로 나섰다.

프랑스의 기사들은 패인을 곰곰이 따져보았다. 어딘가에 잘못이 있었다. 변화가 필요했다.

유명한 아쟁쿠르 전투(1415년)에서 프랑스는 잉글랜드에 참패했다. 전날 밤 폭우가 쏟아지는 바람에 비에 홀딱 젖은 프랑스군은 무거운 갑옷 때문에 진창에 빠졌지만 옴짝달싹할 수가 없었다. 기세가 오른 잉글랜드의 사수들은 활을 쏘아 프랑스 기사들을 무너뜨렸다.

잉글랜드 왕 헨리 5세는 포로를 전부 죽이는 무리수를 두면서까지 전쟁을 끝내려고 했지만 프랑스는 항복하지 않았다. 평민 중에서 지도자가 속속 나타났다.

기사들의 입장에서는 망신스러운 노릇이었지만 프랑스의 새로운 영웅은 방년 19세의 처녀 잔 다르크였다. 그는 잉글랜드와 싸우라는 하늘의 계시를 받고 나섰다고 주장했다.

잔 다르크는 프랑스군을 여러 번 승리로 이끌었다.

하지만 패배도 몇 차례 경험했다. 그리고 마침내 적에게 포로가 되었다.

잉글랜드는 잔 다르크의 명성에 흠집을 내려고, 목소리로 보아 마녀가 틀림없다는 구실로 신부들에게 재판을 맡겼다.

마녀로 판명된 잔 다르크는 말뚝에 묶여 화형당했다. 그러나 잉글랜드는 그 대가를 톡톡히 치러야 했다. 1453년 잉글랜드는 프랑스에서 완전히 철수했는데 100년 동안 싸우면서 잉글랜드가 얻은 것은 하나도 없었다. 그 사이 유럽은 많이 달라져 있었다.

꽃의 힘, 피렌체

우리가 흔히 관심을 갖는 것은 강대국의 역사예요. 영향력이 그만큼 크기 때문이죠. 주위를 한번 둘러보세요! 지금도 한 강대국의 문화에 온 세계가 휘둘리고 있지 않은가요?

덩치는 작아도 엄청난 활력으로 위대한 문화를 이룩한 나라들이 있으니 전국시대 중국의 여러 나라, 그리스의 도시국가들, 메카…

그리고 1300~1400년대에도 이탈리아의 한 작은 도시가 서양의 예술과 사상을 이끌고 나갔다.

이탈리아의 많은 도시가 그랬던 것처럼 피렌체도 자치를 했다. 1290년 피렌체 시민은 투표를 통해 봉건제와 결별하고 귀족들의 성채를 허물었다.

피렌체는 의회, 위원회, 판사, 선거, 논쟁, 시위, 정당을 갖춘 일종의 공화국이 되었다. 자세한 내용은 몰라도 된다. 해마다 달라졌기 때문이다.

피렌체 사람들은 심심하지 않아서 좋겠다!

처음에는 교황을 추종하는 구엘프파와 독일 신성 로마 황제를 추종하는 기벨린파가 있었다. 나중에 구엘프파는 귀족 중심의 흑파와 중산층 중심의 백파로 갈라졌다.

나 같은 회색인은 설 땅이 없어요!

1302년 치열한 논쟁 끝에 흑파는 백파를 피렌체에서 몰아냈다. 이때 피렌체를 등진 망명객 중 한 사람이 이탈리아의 위대한 시인 단테였다.

누가 잘 되나 어디 한번 두고 보자, 꼭 후회하게 만들겠어!

단테는 두 번 다시 피렌체로 돌아오지 않았고『신곡』지옥편에 앙숙들을 모조리 집어넣어 앙갚음했다.

나한테 왜 이래?

나 같은 놈한테는 딸을 줄 수 없다며!

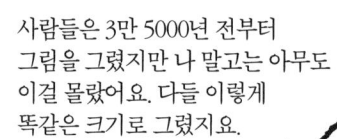

이탈리아인에게 최고의 예술은 고대 로마의 예술이었다. 그 이후의 예술은 쓰레기에 불과했다. 그런데 이제 피렌체인은 고대 로마에 못지않은 예술을 만들 수 있다는 자신감에 불탔다!

"꿈은 이루어진다!"

브루넬레스키와 그의 젊은 벗이었던 조각가 도나텔로(1386년생)는 로마로 가서 고대 건축물의 폐허를 측량하고 기록했다.

"골동품 위조범 일당이 아닐까?"

그런 의심을 살 만도 했다! 미켈란젤로만 하더라도 값을 비싸게 부르기 위해 오래된 그림인 것처럼 그림에 '작업'을 한 것으로 알려졌다.

브루넬레스키는 고대 건축물에 어느 정도 통달하자 완벽한 고전주의 양식의 건물을 새로 짓기 시작했다. (그림도 완벽하군!)

"건물이 너무 낭만적이에요!"
"허허, 그림일 뿐이래도!"

고전 시대의 조각가는 청동으로 작업했다. 주물 공장에서 뒤늦게 커다란 청동물을 주조하는 요령을 터득한 것이 도나텔로에게는 더없이 다행스러운 일이었다.

"그거 뭐요?"
"국가 기밀이요!"

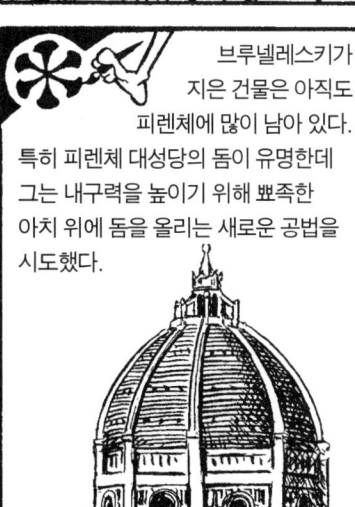

브루넬레스키가 지은 건물은 아직도 피렌체에 많이 남아 있다. 특히 피렌체 대성당의 돔이 유명한데 그는 내구력을 높이기 위해 뾰족한 아치 위에 돔을 올리는 새로운 공법을 시도했다.

공사는 처음에는 지지부진했다. 건축사업단은 엄청나게 큰 돔을 안전하게 시공할 수 있는 설계안을 공모했다. 20개의 응모작 중 사업단은 선뜻 결정을 못 내렸다.

"무너지면 책임지냐?"
"책임질 거냐고?"

프랑스의 한 건축가는 흙으로 언덕을 쌓고 그 속에 은화를 뿌린 다음 언덕 위에 돔을 얹는 방안을 제시했다. 돈에 눈이 먼 사람들이 흙을 금세 파내리라는 것이었다.

"브루넬레스키를 불러와!!"
"기똥찬 생각 아닌가요?"
"은화는 누가 공짜로 준답디까?"

코시모가 인간미 물씬 풍기는 이 작품을 좋아하니 시위원회도 어쩔 수 없었다. 피렌체는 그의 손아귀 안에 있었다. 그에게 돈을 안 꾼 피렌체인이 없었고 코시모의 말이 곧 법이었다.
주머니 안에 뭐요?
내 똘마니들!

1439년 그는 고대 그리스어의 진흥을 위한 학술대회를 열었다. (인문주의자는 라틴어에는 강했지만 그리스어에는 약했다.)
앞으로 어려운 문자 안 쓰면 돈 안 꿔준다!
유구무언, 노발대발, 전전긍긍

그리스어에 능통한 콘스탄티노플의 학자들이 피렌체로 몰려들었다.
알파 베타 감마
시그마 마징가

가슴이 철렁한 순간도 많았지만 그리스어를 우대하는 분위기에 그들 가운데 상당수는 눌러앉기로 결심했다.
이게 뭐람?!
한번 만나 보시겠소?

콘스탄티노플은 망하기 일보 직전이었다. 한때는 떵떵거리며 살았던 시민들이 이제는 텃밭을 가꾸며 간신히 연명하고 있었다.

하지만 그것도 오래가지 못했다. 1453년 튀르키예는 콘스탄티노플 함락을 위해 비장의 무기를 선보였다. 길이 8미터 지름 1미터에 두께가 20센티미터나 되는 대포였다. 700킬로그램도 넘는 대포알을 2킬로미터나 날려보낼 수 있는 강력한 무기였다.

콘스탄티노플에서 이스탄불로

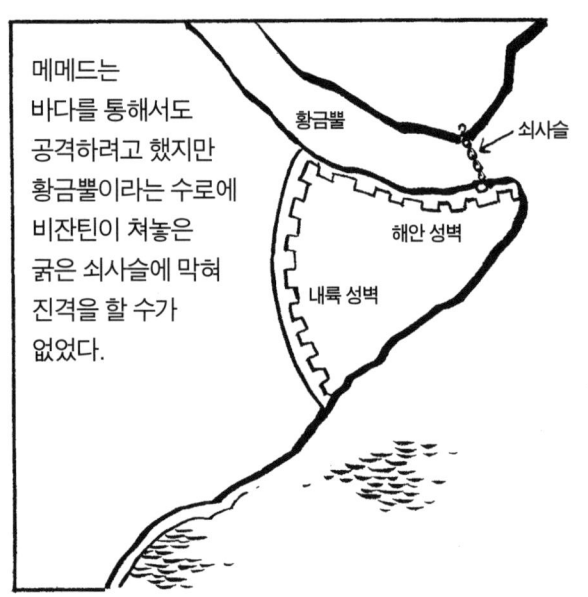

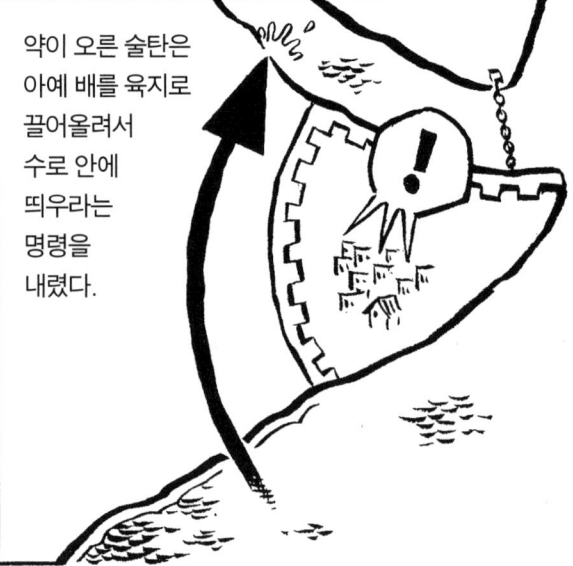

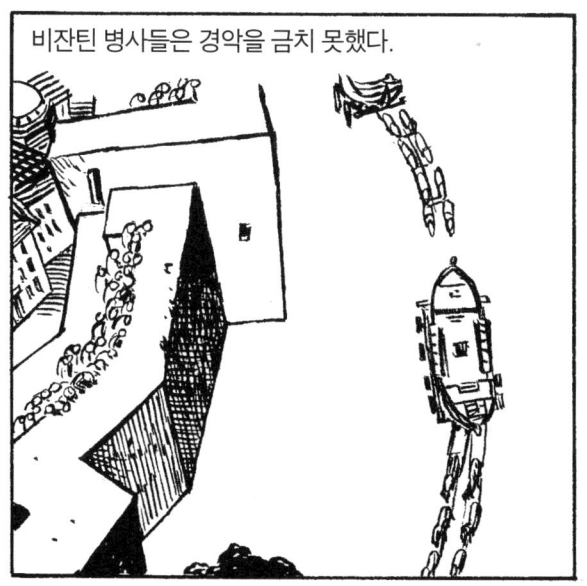
비잔틴 병사들은 경악을 금치 못했다.

양쪽에서 협공을 하는 데는 버틸 재간이 없었다. 콘스탄티노플로 진주한 튀르키예는 여느 점령군처럼 사흘 동안 쉴새없이 강간·살해·약탈을 자행했다.

"부수지는 말도록! 앞으로 이 몸이 여기서 지낼 거니까!"

메메드는 성 소피아 대성당을 이슬람 사원으로 바꾸었다. 그리스도교의 모자이크화를 석회로 덧칠하고(덕분에 그림은 잘 보존되었다) 그 안에서 기도를 올렸다. '로마'의 마지막 근거지는 이렇게 사라졌다. 콘스탄티노플은 이스탄불로 이름이 바뀌었다.

유럽은 충격을 받았다.

"그래두, 그래두… 긴가민가했는데… 설마설마했는데… 날벼락도 이런 날벼락이…"

콘스탄티노플을 차지한 튀르키예는 여세를 몰아 동유럽 공략에 나섰지만 무시무시한 적을 만났다. 왈라키아 군주 블라드는 잔혹한 살해로 튀르키예 병사를 벌벌 떨게했다.

블라드의 특기는 사람을 꼬챙이에 꿰어 죽이는 것이었다. 튀르키예 병사는 꼬챙이에 꿰어 죽은 아군의 시체를 보고 공포에 떨었다. 블라드는 심리전에서 이겼다.

튀르키예군은 그를 꼬챙이 블라드라고 불렀지만 왈라키아 사람들은 드라쿨이라고 불렀다. 악마라는 뜻이었다. 그가 바로 드라큘라 백작이다.

"박쥐 인간 이래!"
"자기 얼굴을 거울로 보면 기절 안 하나 몰라?"

르네상스인 이야기

콘스탄티노플이 함락되기 1년 전 그러니까 1452년에 피렌체 부근의 농가에서 레오나르도 다 빈치가 사생아로 태어났다.

바야흐로 르네상스 시대였다. 르네상스인 하면 팔방미인을 뜻하는데 다 빈치가 바로 그랬다. 음악, 회화, 조각, 제도, 공학, 건축, 과학, 재담, 시… 거기다 동성애까지 못하는 것이 없었다!

"아기를 만드는 행위는 너무 구역질 나는 짓거리라, 고운 얼굴이 있기에 망정이지, 아니면 인류는 사라지고 말 것이다."

그는 피렌체가 한창 잘 나가던 시절에 성년이 되었다. 메디치 집안에서도 돈 잘 쓰기로 유명한 로렌초 데 메디치 밑으로 들어갔다. 로렌초는 다 빈치보다 세 살 위였다.

다 빈치는 피렌체에서 산전수전 다 겪었다. 1478년 부활절 일요일 로렌초와 그의 동생 줄리아노가 암살당할 뻔한 사건도 목격했다.

그 무렵 구텐베르크라는 독일인이 인쇄기를 개발하고 있었다. 그러나 유럽에 인쇄본이 없었던 것은 아니다. 목판에다 해당 면을 새겨 여러 벌 찍어내는 방식이 있었다.

목판에 글자를 일일이 새겨넣는 것은 보통 일이 아니었다.(하지만 중국에선 그렇게 책을 만들었다) 유럽의 목판본은 주로 삽화와 간단한 경구로 성서의 내용을 풀이한 그림책이다.

『가난뱅이 성서』처럼 유럽에서 처음 찍은 책은 만화책이었다! 그러다 보니 조악해서 세월이 지나면 종이가 삭아 없어졌다. 그래서 지금까지 남아 있는 책은 아주 드물다.

만화책은 책도 아닌가 이거 너무하다 해!

로렌초가 판사에게 뇌물을 먹이는 바람에 소송에서 패한 사람들이 일으킨 쿠데타*는 부분적으로 성공했다. 줄리아노는 죽고 로렌초는 팔을 다쳤으나 목숨은 건졌다.

* 교황은 암암리에 이를 묵인했다.

메디치를 지지하는 시민들은 암살자를 붙들어 발코니에 매달아 죽였고 다 빈치는 밑에서 열심히 이 장면을 스케치했다.

로렌초는 그 보답으로 다 빈치에게 이 사건을 그림으로 그려달라고 주문했지만 다 빈치는 그림을 완성하지 못했다.

위대한 예술가는 영감이 떠올라야 작품이 나오는데, 살인 사건에서 무슨 놈의 영감이 떠오른단 말입니까!

다 빈치는 재주는 많았지만 작품을 마무리 짓는 끈기가 부족했다. 로렌초는 울화가 치밀었다!

누가 그렸는지 참 잘 그렸다!

으이그 저놈의 주둥이!!

로렌초 눈 밖에 났으니 떠날 수밖에 없었다. 1482년 다 빈치는 밀라노 군주에게 자기소개서를 보냈다.

다리, 성을 공격하는 공성기, 산탄 대포, 일발 대포, 박격포, 해군 무기, 투석기, 건축, 상하수… 아 참, 그림, 조각… 뭐든지 시켜만 주세요.

밀라노 군주는 그를 불러들였다.

밀라노에서 다 빈치는 무기를 만들고, 가면무도회 복장을 짓고, 명화를 몇 점 그리고, 요리 장식에도 손을 댔다.

조금만 기다리라니까요!

다 빈치는 떠났지만 걱정 없었다. 로렌초 같은 예술 후원자에게는 베로키오, 기를란다요, 리피, 보티첼리 같은 화가가 여전히 있었다. 특히 로마 신화에서 사랑의 여신으로 나오는 비너스가 주인공으로 등장하는 보티첼리의 〈비너스의 탄생〉 같은 누드화는 물의를 불러일으켰다.

진정해라, 보티첼리

1492년 미켈란젤로라는 어린 화가를 자기 집 화실로 끌어들이고 얼마 지나지 않아 로렌초는 43세의 나이로 죽었다.

잘 봐둬라, 미켈란젤로. 이제 피렌체의 황금시대는 저물었다!

로렌초의 유산을 정리하던 법률가들은 그가 공금으로 개인 부채를 갚았다는 사실을 발견했다. 피렌체의 재정은 바닥나 있었다.

에구머니!

그때 사보나롤라는 근엄한 사제가 나타나서 사치와 허영, 이교주의를 뿌리 뽑자고 선동했다. 그것은 메디치 가문의 지배를 종식시키자는 주장이나 다름 없었다. 시민들은 솔깃했다.

그럼 꾼 돈 안 갚아도 되는 거지?

보티첼리는 사보나롤라의 설교를 듣고 감화 받아 다시는 그리스도교와 동떨어진 이교도적 주제를 다루지 않기로 맹세했다. 그러나 미켈란젤로 같은 메디치 집안의 '충복'들은 혁명을 예감하고 피렌체를 떠났다.

잘 먹고 잘 살라고 기도 많이 해줄게, 잘 가!

고마워서 눈물이 나네.

바다 저 너머를 향하여

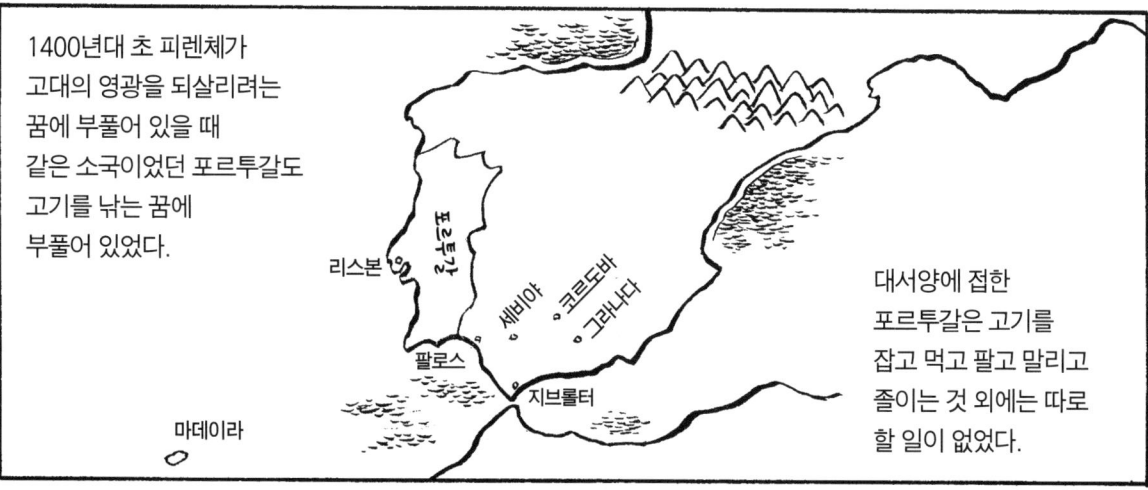

1400년대 초 피렌체가 고대의 영광을 되살리려는 꿈에 부풀어 있을 때 같은 소국이었던 포르투갈도 고기를 낚는 꿈에 부풀어 있었다.

대서양에 접한 포르투갈은 고기를 잡고 먹고 팔고 말리고 졸이는 것 외에는 따로 할 일이 없었다.

어업은 그만큼 중요한 것이었다. 포르투갈의 엔리케 왕자는 참치 어장을 독점했다.

어머니가 영국인이었던 엔리케 왕자는 1418년 포르투갈이 숲이 우거지고 사람이 살지 않는 마데이라('숲')에 정착민을 보낼 때 당연히 관심을 보였다.

배를 만드느라 울창한 삼림을 베어낸 마데이라는 헐벗었지만 엔리케의 참치 선단은 떼돈을 벌었다!

기세가 오른 왕자는 더 많은 생선을 잡기 위해 대양을 항해할 수 있는 커다란 배를 주문했다.*

못 말려!

* 포르투갈인은 까맣게 몰랐지만 이 무렵 폴리네시아인은 벌써 대양을 누비고 다녔다.

아프리카에 황금과 노예가 널려 있다는 사실을 알아차린 포르투갈인은
아랍을 통하지 않고 배를 통해서 직접 이 노다지에 접근하기로 마음먹었다.
곧 한 해에 25척의 배가 아프리카로 떠났다.

그러나 납치는 아프리카인의 분노와
불신을 낳았다. 그것은 장사를
하는 데 결코 도움이 되지 않았다.
결국 1458년 포르투갈 대사가 직접
와서 서아프리카인과 무역 협정을
맺었다. 이제부터는 훔치지 않고
정당한 대가를 지불하고
사가겠다는 약속이었다!

그렇지만 아프리카에는 전쟁 포로, 약탈 희생자처럼
사람 대접을 못 받는 노예가 부지기수였다.
문제는 주인과 노예를 가리지 않고 닥치는 대로
잡아가는 포르투갈인을 믿을 수 없다는 데 있었다.

포르투갈의 노예선으로
흥청거렸던 베르데 곶

이렇게 해서 무역이 시작되었다.
포르투갈은 옷감, 양, 도끼, 놋쇠 제품,
구리 막대기를 싣고 가서 노예, 황금,
상아를 싣고 왔다. 1460년 엔리케
왕자가 눈을 감았을 무렵에는 포르투갈은
노예 판매에서 번 돈이 다른 모든 물건을
팔아서 번 돈보다 많았다.

위아래를
몰라요!

베닌

엘미나

베닌족의 놋쇠 장식은 모두
수입한 금속으로 만들었다.

콩고

중국의 정화 장군은
왜 이런 기회를
놓쳤냐 이 말이야!!

포르투갈은 압력을 행사하여 엘미나에
왕의 요새를 만들고(1480년), 콩고(1485년)와
베닌(1486년)의 왕을 알현하여 리스본으로
대사를 보내도록 했다. 또 아프리카 남단을
항해하는 데 성공했고(1488년), 콩고 왕을
그리스도교로 개종시켰다.(1491년)

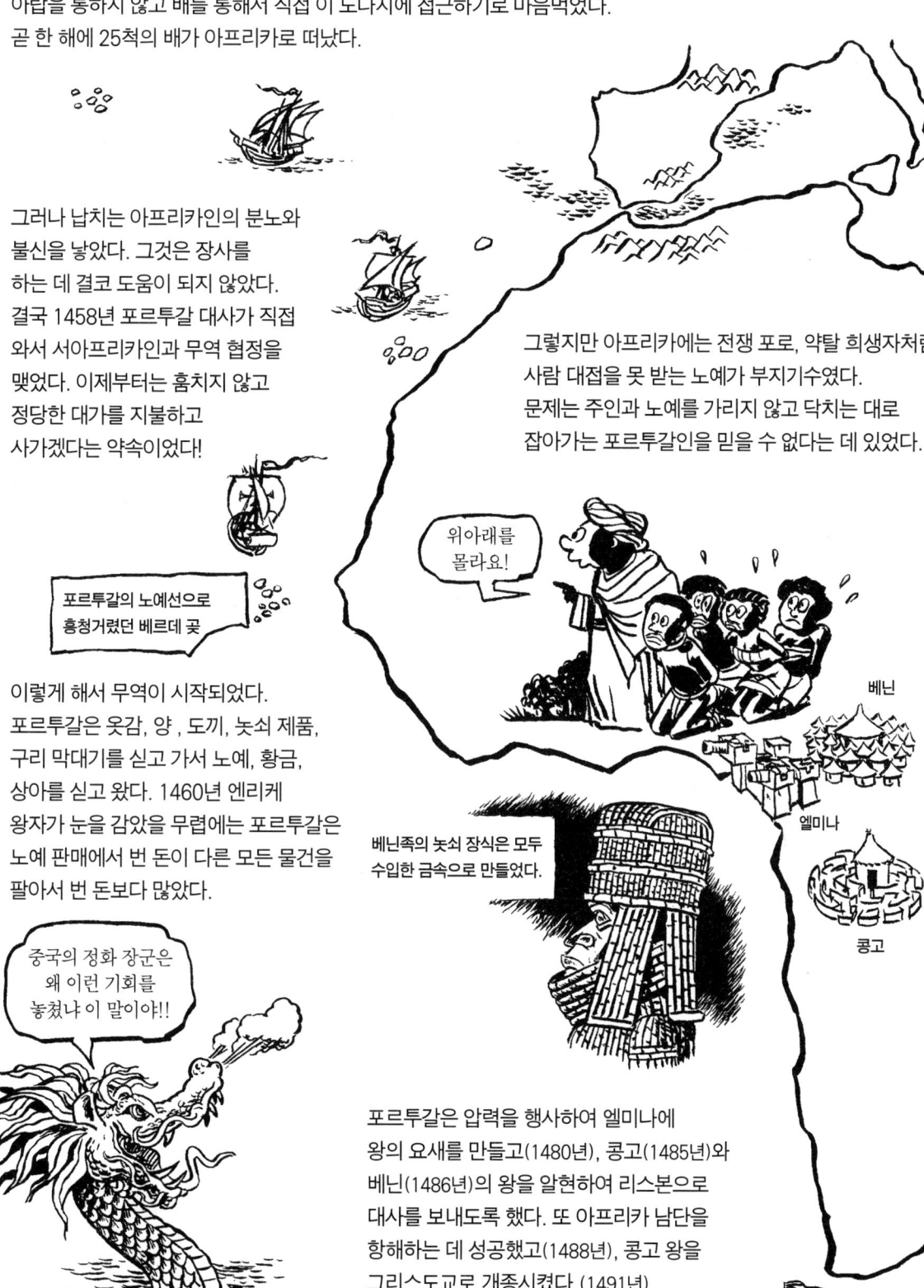

이 격동의 시기에 이탈리아인도 포르투갈로 오기 시작했다. 1453년 이전까지 이탈리아는 흑해 무역을 통해 돈을 벌었다. 그러나 콘스탄티노플에 이어 카파까지 튀르키예의 영토가 되면서 흑해 무역은 중단되었다.

그래서 이탈리아의 선원과 투자가는 살 길을 찾아 스페인으로, 포르투갈로, 잉글랜드로 몰려갔다.

로렌초 데 메디치는 (비록 돈은 못 벌었지만) 리스본에도 지사를 두었다. 스페인 최대의 노예상 바르톨로메오 마르치오니는 이탈리아인이었다. 크리스토퍼 콜럼버스 같은 제노바 선원은 1470년대에 흑해가 아니라 대서양을 항해했다!

그 당시에는 아프리카를 지나서 인도까지 곧바로 배로 갈 수 있다는 풍문이 떠돌기 시작했다. 튀르키예인, 페르시아인, 시리아인 같은 중간상을 거치지 않고 원산지에 가서 후추를 직접 구입할 수 있다는 소문에 사람들은 혹했다. 후추무역은 노예무역보다도 수입이 짭잘했다.

그뿐인가요, 후추는 노예처럼 처먹지도 않지, 덤비지도 않지, 싸지도 않아요. 물론 죄책감을 느낄 필요도 없고요.

이제 선원과 사업가 말고 또 한 부류의 집단이 모험에 가세했다. 군주 앞에 가서 세계를 정복하여 영토를 넓혀드릴 테니 원정비를 대달라고 부탁하는 세일즈맨 선장이었다. 콜럼버스도 이런 부류에 들어갔다.

> 호호호… 내 비록 몰골은 흉측해도 마음은 꿈 많은 소년이라오.

> 여왕 마마의 시녀의 애인의 오빠를 제가 좀 알거든요. 술 한잔 사주시면 소개해드릴게요.

> 원정은 무슨 원정… 어차피 버린 몸, 돈 받아서 술이나 마시는 거지.

콜럼버스의 목표는 서쪽으로 항해하여 인도에 닿는 것이었다. 그것은 무모한 계획이었을까? 단언하기는 어렵다. 세계가 둥글다는 것은 그때도 모르는 사람이 없었다. 아이슬란드 사람들은 왕년에 대서양을 횡단한 적이 있었고, 콜럼버스도 세계 지리에 대해 퍽 자세한 지식과 구체적 자료를 갖고 있었다.

> 자료는 뭔 자료…

원정비를 조달하기 위해 스페인으로 갔지만 퇴짜 맞았다. 포르투갈에서도 거절당했다.
콜럼버스가 포르투갈에 머물고 있던 1488년 바르톨로메우 디아스가 아프리카 남단을 돌고 왔다.
포르투갈은 동쪽 항로를 개척하는 데 정신이 팔려 있었다!

디아스! 디아스! 디아스!

콜럼버스는 스페인으로 돌아갔다.

이슬람의 보루는 하나둘 무너졌다. 1491년 콜롬버스는 왕실을 따라 무어인의 마지막 아성이었던 그라나다까지 쫓아갔다. 페르난도 왕은 6개월 전까지만 해도 이곳의 토후 아부 압둘라와 동맹을 맺고 이슬람이 지배하던 말라가를 함께 공격했지만 이제는 등을 돌렸다. 가톨릭 세력은 그라나다를 포위하고 그 주변을 쑥밭으로 만들었다. 콜럼버스는 틈만 나면 왕을 설득했다.

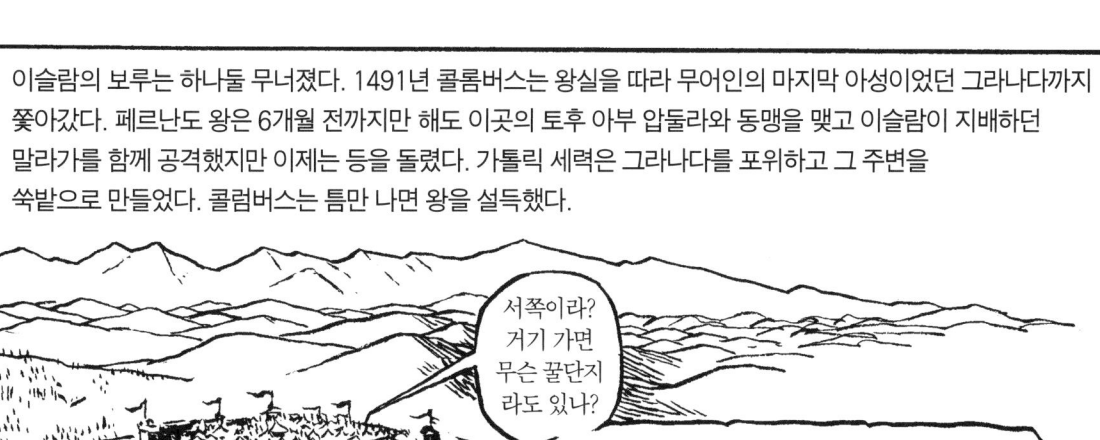

그라나다는 별천지였다! 무어인이 지은 알람브라 궁전은 녹음이 우거진 언덕 위에 우아한 자태를 드러냈다. 그라나다는 남쪽으로 35킬로미터 떨어진 산맥에 쌓인 눈을 식수로 썼다.

한편 포위가 계속되자 그라나다 안에 갇혀 있던 아부 압둘라는 전전긍긍했다. 모두들 토후에게 잘못을 돌렸다. 언제 누구에게 칼을 맞을지 몰랐다.

자기도 살고 그라나다의 피해도 될수록 줄이기 위해 토후는 가톨릭 세력과 은밀한 거래에 들어갔다.

12월에 가서야 다음과 같은 조건으로 최종 합의를 보았다. 그라나다는 항복한다. 페르난도는 토후의 안전한 탈출을 보장한다. 그리스도교도는 말라가에서 그랬던 것처럼 약탈하고 주민을 노예로 삼고 건물을 파괴하지 않는다. 페르난도는 서면으로 약속을 했다.

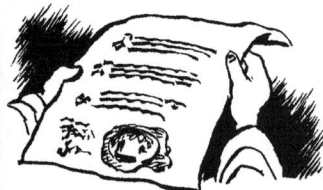

1492년 1월 1일 새벽 아부 압둘라는 수행원 50명을 거느리고 야음을 틈타 그라나다를 탈출했다.

동틀 무렵 그들은 남쪽으로 이어지는 고갯마루에 올라가 그라나다를 마지막으로 돌아보았다. 아부 압둘라가 이때 울음인지 한숨인지를 토했다고 해서 이 고개는 엘 소스피로 델 모로, 곧 무어인의 한숨으로 불린다. 토후의 모친은 아들이 여자처럼 행동했다고 야단을 쳤다고 한다. 자기도 여자였으면서.

그라나다로 들어간 스페인 군대는 약속을 헌신짝처럼 내팽개쳤다.
약탈을 하고 주민을 노예로 삼고 도서관을 가득 채웠던 '이교도의 서적'을 불살랐다.

책은 잘 타서 좋단 말씀이야!

콜럼버스는 포기하고 돌아갈까 하다가 새로운 희망에 부풀었다. 스페인 왕실이 자기의 계획에 귀 기울여줄 가능성이 높아졌기 때문이었다!

콜럼버스 씨한테 한 가지 남은 일이 있으니 기다리라고 전하라!

이슬람 세력을 쫓아낸 스페인 왕실은 숙청을 계속했다. 스페인에 거주하는 유대인은 8월 31일까지 가톨릭으로 개종하든가 외국으로 떠나라는 최후통첩을 3월에 날렸다.

스페인 왕과 왕비는 독실하다 못해 광신도에 가까운 신앙을 가졌다. 게다가 돈도 아쉬웠다. 스페인을 떠나는 유대인은 재산을 두고 가야 했다.

떠날 것이야 개종할 것이냐? 떠나는 사람은 가난을 면치 못하고 남는 사람은 '진정한' 그리스도인이라는 사실을 증명하기 위해 종교 재판을 받아야 했다.

종교 재판에서 유죄로 판명되면 재산을 몰수당했다. 돈 많은 유대인 개종자가 화형장으로 많이 끌려간 데는 이런 엉큼한 속셈이 있었다.

결국 10만 명의 유대인은 개종하여 남고 20만 명은 보따리를 쌌다.

4월 17일 이사벨 여왕은 드디어 콜럼버스에게 희소식을 안겨주었다.

콜럼버스에게는 또 하나의 골칫거리가 생겼다. 8월 31일까지 스페인을 떠나려는 유대인들 때문에 스페인의 주요 항구는 포화 상태였다. 카디스, 세비야, 말라가, 빌바오, 바르셀로나 같은 데서 배를 구하기란 불가능해 보였다.

다 때려치우고 싶더라니까요!

결국 콜럼버스와 88명의 선원은 팔로스라는 바닷가의 작은 마을에서 간신히 세 척의 배를 구하여 모기에 뜯기면서 대서양으로 항해를 떠났다. 그때가 1492년 8월 12일이었다.

다음은 아스텍 문명을 찾아서

『이슬람 스페인의 유대인 1, 2권 The Jews of Muslim Spain, Volumes I and II』, Eliyahu Ashtor 지음, Philadelphia: The Jewish Publication Society, 1992. 가끔씩 오버할 때도 있지만 굉장한 학문적 성취이며 끈적끈적한 이야기도 많다!

『일본기 Nihongi』, W. G. Aston 옮김, Rutland, Vermont: Charles Tuttle Co., Inc, 1972. 일본 고대사.

『새들의 회의 The Conference of the Birds』, Farid Ud-Din Attar 지음, A. Darbandi와 D. Davis 옮김, London: Penguin Books, 1984.

『호라이즌 아프리카사 The Horizon History of Africa』, Clark Boahen 외 지음, New York: American Heritage, 1971. 『호라이즌 중국사』가 수작이라면 이 책은 범작. 그림은 좋지만 설명이 겉핥기. 「타임라이프」에서 나온 아프리카사가 낫다.

『4인의 순례자 Four Pilgrims』, William Boulting 지음, London: Kegan Paul, 연도 미상. 네 사람은 현장, 영국의 시울프, 이븐 바투타, 볼로냐의 루도비코 바르테마다.

『고대 아프리카의 위대한 문명 Great Civilizations of Ancient Africa』, Lester Brooks 지음, New York: Four Winds Press, 1971. 가식이 없고 정확한 책.

『바사리의 예술가전 Vasari's Lives of the Artists』(축약본), Betty Burroughs 엮음, New York: Simon and Schuster, 1946. 100퍼센트 다 믿을 순 없지만 예술가라는 게 원래 그런 거니까.

『오스만 이전의 터키 Pre-Ottoman Turkey』, Claude Cahen 지음, New York: Taplinger, 1968. 이런 것까지 굳이 알 필요가 있나 싶을 만큼 너무 자세해서 따라가기 벅찰 정도.

『원조비사 The Secret History of the Mongols』, F. W. Cleaves 옮김, Cambridge, Mass.: Harvard University Press, 1982. 몽골인이 기록한 칭기즈 칸. 직역이라서 따라가기가 쉽지 않지만 애쓴 보람은 있음!

『동남아시아의 인도계 나라들 The Indianized States of Southeast Asia』, G. Coedes 지음, W. Vella 옮김, Honolulu: East-West Press, 1968. 1장이 좋음.

『알렉시아드 The Alexiad』, Anna Comnena 지음, New York: Penguin, 1969. 전문 역사가들은 동로마 황제 알렉시오스의 딸이 쓴 이 책을 헐뜯지만 지금도 1차 십자군 전쟁을 이해하려면 반드시 이 책을 읽어야 한다. 현장에서 본 목격담이므로!

『사무라이, 무사의 전통 이야기 Samurai, the Story of a Warrior Tradition』, Harry Cook 지음, New York: Sterling, 1993. 그림이 좋다.

『아프리카 왕국 African Kingdoms』, Basil Davidson 지음, New York: Time-Life Books, 1966. 훌륭한 그림책.

『아프리카의 천재 The African Genius』, Basil Davidson 지음, Boston: Little, Brown, 1969. 전문가가 쓴 문화사.

『황금의 나라 기니의 풍물과 역사 Description and Historical Account of the Gold Kingdom of Guinea』(1602), Pieter De Marees 지음, A. van Dantzig와 A. Jones 옮김, Oxford: Oxford Unversity Press, 1987.

『프랑스 만들기 830~1130, France in the Making 830~1130』, Jean Dunbabin 지음, New York: Oxford Unversity Press, 1985. 바이킹 침공이 가져온 변화.

『신앙의 시대 The Age of Faith』, Will and Ariel Durant 지음, New York: Simon and Schuster, 1950. 기대를 웃도는 내용. 아주 자세함. 균형 잡힌 시각으로 이슬람도 잘 소개. 아쉬운 점이라면 아프리카 역사가 너무 적고 경제사를 어물쩍 처리할 때가 있다는 것.

『종교개혁 Reformation』, Will and Ariel Durant 지음, New York: Simon and Schuster, 1957. 만화에서 다루는 내용보다 대부분 뒤에 일어난 사건을 다룬다. 하기야 이 사람도 운만 떼놓고 콜럼버스 이야기를 마저 못 다뤘지만.

『르네상스 The Renaissance』, Will and Ariel Durant 지음, New York: Simon and Schuster, 1953. 이탈리아에서 지지고 볶고 한 이야기.

『중국사 *A History of China*』, Wolfram Eberhard 지음, Berkeley: University of California Press, 1966.

『샤를마뉴의 생애 *The Life of Charlemagne*』, Einhard 지음, Ann Arbor: University of Michigan Press, 1979. 황제의 비서가 들려주는 이야기!

『케임브리지 아프리카사 2권 500~1600년, 3권 1050~1600년 *The Cambridge History of Africa, Vol. 2, From C. 500 to 1600, and Vol. 3, From 1050 to 1600*』, J. D. Fage and Roland Oliver 지음, Cambridge: Cambridge University Press, 각각 1978, 1977.(3권이 먼저 나왔음.)

『호라이즌 중국사 *The Horizon History of China*』, C. P. Fitzgerald and the editors of Horizon Magazine, New York: American Heritage, 1969. 정말 굉장한 책. 글도 좋고 이미지도 풍부하다.

『무함마드의 생애 *The Life of Muhammad*』, A. Guillaune 옮김, Karachi, Pakistan: Oxford University Press, 1996. 책 중의 책!! 8세기에 이븐 이샤크가 쓴 걸작의 번역본. 다른 전기들의 모태가 되었다. 자세하고 솔직하며 지혜롭다. 구하기 무지 힘듦.

『기사도 시대의 연대기 *Chronicles of the Age of Chivalry*』, Elizabeth Hallam 책임 편집, New York: Crescent Books, 1995. 맛깔스러운 책.

『1875년까지의 아프리카 *Africa to 1875*』, Robin Hallett 지음, Ann Arbor: The University of Michigan Press, 1970.

『아랍인의 역사 *History of the Arabs*』 9판, Philip K. Hitti 지음, New York: St. Martin's Press, 1967. 핵심을 찌르는 자세하고 권위 있는 설명. 절판.

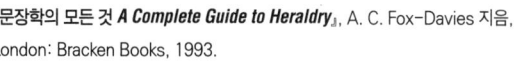

『문장학의 모든 것 *A Complete Guide to Heraldry*』, A. C. Fox-Davies 지음, London: Bracken Books, 1993.

『십자군의 아랍 역사가들 *Arab Historians of the Crusades*』, F. Gabrieli 옮김, Berkeley: University of California Press, 1984. 지키는 쪽의 입장.

『먼 옛날부터 1800년까지 아프리카의 역사 *History of Africa from Earliest Times to 1800*』, Harry A. Gailey 지음, New York: Holt, Rinehart and Winston, 1970.

『그림을 곁들인 이탈리아사 *An Illustrated History of Italy*』, Milton Gendel 엮음, New York: McGraw-Hill, 1966.

『무함마드의 삶과 시대 *The Life and Times of Muhammad*』, Sir John Glubb 지음, Chelsea, Michigan: Scarborough House, 1991. 애정이 담긴 아주 뛰어난 분석.

『이탈리아사와 피렌체사 *History of Italy and History of Florence*』(축약본), Guicciardini 지음, New York: Washington Square Press, 1964. 이탈리아인이 연도별로 꼼꼼히 들여다본 이탈리아. 그런데 저자의 성만 있지 이름은 안 나왔음.

『나이지리아인의 눈으로, 역사논평집 *Nigerian Perspectives, An Historical Anthology*』, Thomas Hodgkin 지음, London: Oxford University Press, 1960. 여기저기서 끌어 모은 글들.

『정복자 티무르 *Tamburlane the Conqueror*』, Hilda Hookham 지음, London: Hodder and Stoughton, 1962. 너무 띄워주는 분위기.(유럽인은 1402년에 튀르키예의 코를 납작하게 만든 이 정복자를 예로부터 흠모했다.)

『1066년, 정복의 해 1066, *the Year of the Conquest*』, David Howarth 지음, New York: Viking Press, 1978. 노르웨이의 하랄 왕도 이때 쳐들어왔다가 깨졌다.

『7세기부터 11세기까지의 아프리카 *Africa from the Seventh to the Eleventh Century*』(축약본), I. Hrbek 엮음, Berkeley: University of California Press, 1992. 기라성 같은 전문가들이 쓴 권위 있는 책으로 무수히 인용되고 있음.

『아시아 아프리카 여행기 *Travels in Asia and Africa*』, Ibn Batutta 지음, London: George Routledge & Sons, 1929. 대단한 양반!

『문명의 교차로, 페르시아사 3000년 Crossroads of Civilization, 3000 Years of Persian History』, Clive Irving 지음, New York: Barnes & Noble, 1979.

『앙주 왕조 치하의 잉글랜드에 살던 유대인 The Jews of Angevin England』, Joseph Jacobs 지음, New York: G. P. Putnam & Sons, 1893.

『백인이 오기 전의 아프리카 Africa before the White Man』, Henri Labouret 지음, New York: Walker and Company, 1962.

『이슬람 세계 The World of Islam』, Bernard Lewis 엮음, London: Thames and Hudson, 1976. 그림과 글이 모두 뛰어난 호화본.

『우크라이나사 A History of the Ukraine』, Paul Magocsi 지음, Seattle: Unversity of Washington Press, 1996. 두껍지만 카자흐에 관한 내용은 쥐꼬리만큼.

『일본사 A History of Japan』, R. H. P. Mason 지음, New York: Free Press, 1972.

『아프리카 정착 The Peopling of Africa』, J. L. Newman 지음, New Haven: Yale University Press, 1995. 이주.

『아프리카 통사 제4권 12세기에서 16세기까지 General History of Africa IV, From the Twelfth to the Sixteenth Century』, D. T. Niane 엮음, Berkeley: University of California Press, 1984.

『비잔티움, 초기사 Byzantium, the Early Centuries』, John J. Norwich 지음, New York: Knopf, 1996. 엄청난 뒷소문, 눈부신 글재주, 기묘한 아름다움을 포착하는 안목.

『비잔티움, 전성기 Byzantium, the Apogee』, John J. Norwich 지음, New York: Knopf, 1996. 1권만큼 좋다.

『비잔티움, 쇠락과 몰락 Byzantium, Decline and Fall』, John J. Norwich 지음, New York: Knopf, 1996. 콘스탄티노플은 왜 무너졌는가를 훌륭하게 설명.

『베네치아사 A History of Venice』, John J. Norwich 지음, New York: Knopf, 1982. 역시 끝내주는 책.

『이슬람 세계의 건축 Architecture of the Islamic World』, G. Michell 엮음, New York: Thames and Hudson, 페이퍼백판 1995. 멋짐.

『도시형의 역사 History of Urban Form』 3판, A. E. J. Morris 지음, New York: John Wiley & Sons, 1994.

『겐지 이야기 The Tale of Genji』, Murasaki Shibuku 지음, E. Seidensticker 옮김, New York: Knopf, 1978. 전쟁 없는 전쟁과 평화.

『한국, 전통과 변혁 Korea, Tradition and Transformation』, Andrew C. Nahn 지음, Elizabeth, N. J.: Hollym International, 1988.

『아라비아 유대인의 역사 A History of the Jews of Arabia』, Gordon D. Newby 지음, Columbia, South Carolina: University of South Carolina Press, 1988. 신중하지만 유익한 책.

『십자군 The Crusades』, Zoe Oldenbour 지음, A. Carter 옮김, New York: Pantheon Books, 1966. 박진감 넘치고 탄탄하며 설득력 있는 논리.

『아프리카 속담 Proverbs of Africa』, Ryszard Pachocinski 지음, St. Paul: Professors World Peace Academy, 1996. "천둥하고 친한 사람은 비를 무서워하지 않아도 된다."

『에티오피아 사회사 A Social History of Ethiopia』, Richard Pankhurst 지음, Trenton, N.J.: The Red Sea Press, 1992. 기본 역사 지식이 없으면 따라가기 힘듦.

『중세 사회의 유대인 The Jew in the Medieval Community』, James Parkes 지음, 유대인을 도와 히틀러한테 미움을 산 성공회 사제가 쓴 중세 유대인의 생존 방식. 출판 서지 사항은 확인할 수 없었음!!!

『마르코 폴로 여행기 The Travels of Marco Polo』, Marco Polo 지음, 수많은 판본이 있음. 내가 본 것은 R. Latham 옮김, New York: Abaris Books, 1982.

『아프리카 유목민의 건축, 공간, 장소, 성의식 African Nomadic Architecture, Space, Place, and Gender』, Labelle Prussin 지음, Washington, D.C.: Smithsonian Institution Press, 1995. 근사한 그림. 제목도 참신하고.

『소아시아의 셀주크인 The Seljuks in Asia Monor』, Tamara Talbot Rice 지음, New York: Frederick A. Prager, 1961.

『이브의 약초 Eve's Herbs』, John Riddle 지음, Cambridge, Mass.: Harvard, 1997. 아득히 먼 옛날 유럽의 피임법과 낙태법.

『그림을 곁들인 옥스퍼드 십자군의 역사 The Oxford Illustrated History of the Crusades』, Jonathan Ridley-Smith 지음, Oxford: Oxford University Press, 1997. 뛰어난 그림. "왜"는 많지만 아쉽게도 누가, 무엇을, 어디서, 언제는 적은 새로운 역사의 전형. 무게 있는 학술서가 대중서로 변신.

『중세의 마니교도: 그리스도교 이원주의 이단론 연구 The Medieval Manichee: A Study of the Christian Dualist Heresy』, Stven Runciman 지음, New York: Viking Press, 1961. 놀라운 책! 아주 자세하고 "불가르파"라는 그리스도교 이단 종파도 균형 잡힌 시각으로 소개.

『1334년까지의 일본 역사 A History of Japan to 1334』, George Sansom 지음, Stanford, California: Stanford University Press, 1958.

『로마 브리튼에서 노르만 잉글랜드까지 From Roman Britain to Norman England』, Peter Sawyer 지음, New York: St. Martin's Press, 1978. 촘촘하지만 귀중한 정보가 들어 있다.

『그림을 곁들인 옥스퍼드 바이킹의 역사 The Oxford Illustrated History of the Vikings』, Peter Sawyer 엮음, Oxford: Oxford University Press, 1997. 훌륭한 화보.

『사마르칸트의 황금 복숭아 The Golden Peaches of Samarkand』, Edward Schafer 지음, Berkeley: University of California Press, 1985. 당나라 때 중국에 들어온 해외 물품을 소개.

『발칸 반도의 역사 History of the Balkan Peninsula』, Ferninand Schevill 지음, New York: Frederick Ungar, 1966(원본은 1922년에 간행). 발칸 반도에서 1차 대전이 터진 직후에 쓰임. 맥 빠짐.

『비잔티움 Byzantium』, Scherrard Philip and the editors of Time-Life Books 지음, New York: Time, Inc., 1966.

『사하라 The Sahara』, Jeremy Swift and the editors of Time-Life Books 지음, Amsterdam, Time-Life International(Nederland) B.V. 1975. 귀가 큰 예쁜 낙타도 등장.

『페르시아사 제2권 A History of Persia, Volume II』, Percy Sykes 지음, New York: Barnes & Noble, Inc., 1969.

『노예무역 The Slave Trade』, Hugh Thomas 지음, New York: Simon & Schuster, 1997. 필독서이긴 하지만 작은 오류 때문에 큰 주장이 선뜻 안 믿긴다.

『십자군 The Crusades』, Henry Treece 지음, New York: Random House, 1963. 들쭉날쭉하고 구성이 좀 이상하지만 이야기는 잘 풀어나간다.

『일본 전통 문헌 Sources of Japanese Tradition』, R. Tsunda, W. T. De Bary and D. Keene 지음, New York: Columbia University Press, 1958.

『아련한 거울 A Distant Mirror』, Barbara Tuchman 지음, New York: Ballantine, 1978. 감탄. 흑사병이 휩쓴 적나라한 시대상을 기막히게 잘 묘사.

『누산타라, 인도네시아의 역사 Nusantara, a History of Indonesia』, Bernard H. M. Vlekke, Chicago: Quadrangle Books, 1960.

『메디나의 무함마드 Muhammad at Medina』, W. Montgomery Watt 지음, London: Oxford University Press, 1962. 아부 수피안한테 낙타를 몇 마리나 준 것일까?

『쥐, 이, 역사 Rats, Lice, and History』, Hans Zinsser 지음, New York: Blue Ribbon Books, 1935. 전염병의 역사를 독특한 시각에서 다룬 고전.

옮긴이의 말

작가 래리 고닉은 아주 야심만만한 사람 같다. 인류만의 역사도 아니고 자연만의 역사도 아니고 그 모두를 포괄하는 '우주의 역사'를 만화로 그렸기 때문이다. 이 책을 읽으면서 우리는 그가 얼마나 많은 책을 섭렵했고 또 얼마나 뛰어난 유머 감각을 가졌는지를 깨닫는다. 그리고 만화에 온 우주의 역사를 담으려는 그의 시도가 성공하리라는 예감에 젖는다.

래리 고닉은 미국 하버드대학교에서 수학을 공부한 엘리트 만화가다. 일찍부터 역사와 자연과학처럼 딱딱한 분야를 만화로 재미있고 쉽게 소개하는 데 관심을 가졌고 재능을 발휘하였다. 그의 만화는 예일대학교를 비롯한 여러 대학에서 부교재로 쓰일 만큼 지적 수준과 완성도가 높다. 책 말미의 참고문헌을 보면 그가 얼마나 방대한 자료를 치밀하게 연구했는지를 짐작할 수 있다.

래리 고닉은 만화야말로 밀물처럼 쏟아지는 정보의 홍수 속에서 대중이 접근하기 어려운 주제를 가장 구체적이면서도 생생하게 전달할 수 있다는 확신을 갖고 있다. 사람들은 글보다는 그림에 더 즉각적으로 반응하기 때문이다.

이 책을 옮기면서 인도와 중국, 페르시아와 로마를 넘나드는 래리 고닉의 방대한 지식과 기상천외한 상상력을 따라가느라 적잖이 고생했다. 하지만 그 못지않게 재미와 보람도 컸고 부러움도 느꼈다. 이 좋은 책을 학생들을 비롯해서 많은 사람들에게 소개할 수 있다는 자부심을 가지게 되었다. 세부적인 정확성을 유지하면서도 사실적인 내용을 톡톡 튀는 줄거리와 발랄한 대사로 엮어가는 래리 고닉의 지성과 감성에 찬탄을 금할 수가 없다. 이 책을 몇 쪽만 읽은 사람도 누구나 그의 작품 세계에 수긍할 것이다.

이 책은 자연과 사회를 비롯한 우주의 역사를 담았지만 핵심은 인간의 역사, 즉 세계사다. 지금까지 우리가 읽은 세계사는 주로 서양인에 의해 쓰였다. 그래서 저자가 아무리 안 그러려고 노력해도 서양 중심적으로 흐르는 경우가 많았다. 그러나 이 래리 고닉의 『세상에서 가장 재미있는 세계사』는 아시아와 아프리카, 이슬람 문화도 굉장히 깊고 자세하

게 들려준다. 절대로 치우치지 않은 공정한 시각에서. 만화이긴 하지만 그 어떤 세계사 책보다도 냉정하면서도 따뜻하다.

만화를 번역하는 일은 얼핏 쉬워 보이지만 그렇지가 않다. 소설책이나 역사책 같은 글 위주의 작품은 풍부한 맥락이 주어지는 반면, 만화는 그렇지 않기 때문이다. 짤막한 지문과 대사만 달랑 놓여 있을 때는 그게 어떤 맥락인지 파악하기 힘들 때도 적지 않다. 시만큼이나 옮기기 어려울 때도 있다. 더구나 래리 고닉처럼 함축적이면서도 고급스러운 유머를 구사하는 작가임에랴.

그래도 처음부터 끝까지 즐거운 마음으로 번역을 했다. 때로는 과감한 의역을 통해 번역과 번안의 경계선을 넘나들기도 했지만, 그것은 저자의 포복절도할 익살을 어떻게 해서든 살려보려는 고육지책이었음을 이해해주셨으면 좋겠다.

만화가 되었든 글이 되었든 딱딱한 내용을 몇 권 혹은 한 권으로 간추렸다고 호언장담하는 책이 많지만, 내용을 보면 지루하고 장황하고 영양가도 별로 없을 때가 많다. 그러나 래리 고닉의 책은 그렇지 않다고 자신 있게 밝히는 바다. 번역을 마치니 아쉽기만 하다. 이 시리즈를 통해 그의 빛나는 지성과 감성과 익살의 삼중주를 즐겁게 맛보길 바란다.

2006년 5월
이희재

세상에서 가장 재미있는 세계사 3

1판 1쇄 펴냄 2006년 6월 20일
2판 1쇄 찍음 2022년 11월 10일
2판 1쇄 펴냄 2022년 12월 1일

글·그림 래리 고닉
옮긴이 이희재

주간 김현숙 | **편집** 김주희, 이나연
디자인 이현정, 전미혜
영업·제작 백국현 | **관리** 오유나

펴낸곳 궁리출판 | **펴낸이** 이갑수

등록 1999년 3월 29일 제300-2004-162호
주소 10881 경기도 파주시 회동길 325-12
전화 031-955-9818 | **팩스** 031-955-9848
홈페이지 www.kungree.com
전자우편 kungree@kungree.com
페이스북 /kungreepress | **트위터** @kungreepress
인스타그램 /kungree_press

한국어판 ⓒ 궁리출판, 2006.

ISBN 978-89-5820-801-3 07900
ISBN 978-89-5820-804-4 (세트)

책값은 뒤표지에 있습니다.
파본은 구입하신 서점에서 바꾸어 드립니다.